幸福感の統計分析

橘木俊詔 Tachibanaki Toshiaki
髙松里江 Takamatsu Rie

幸福感の
統計分析

岩波書店

はしがき

幸福でありたくない、と思う人はまずいないであろう。ほぼすべての人が幸せな人生を送りたいと願っている。それだからこそ二〇〇〇年以上も前、哲学という学問の始まったころから、どういう生き方をすれば人は幸福になれるか、という話題が論じられてきた。誰でもその名を知るアリストテレスしかりである。その後歴史は数多くの哲学者、倫理学者を生んできたし、彼らの主要関心の一つは幸福な生き方とは、であった。

本書の筆者が専門とする経済学、社会学ではどうだったかといえば、そもそもその歴史がせいぜい二、三〇〇年にすぎないし、具体的な生活のこと(例えば所得、学歴、職業、労働、生活、など)を関心の対象としてきたので、精神的な議論になりやすい幸福に関してはさほど興味を示さなかった。

しかしよく考えてみれば、人が所得を得て消費をすれば、効用は高まると考えるのが経済学の出発点である。効用は満足とも理解できる。満足度を幸福度と解すれば、経済学も幸福の分析ができるとみなすことができる。現に今は、幸福は経済学の一分野になりつつある。

経済学と社会学は働くということに注目して、働きがいのある仕事とか望ましい働き方を分析してきた。働きがいとか望ましさといった言葉も満足度と解釈できるので、この点でも幸福論の一分野として分析が可能である。

あえて哲学と経済学・社会学の違いを述べれば、哲学は人間の精神や心理の定性的なことに関心を示すが、経済学・社会学は数字として示すことができる定量的な変数(所得、消費、教育年数、労働時間、など)がどれだけ具体的な効果を生むのかを数量的に示そうとする。本書は前者についても言及し、後者の方法を踏襲する。

この本で幸福に関してどのような課題を扱うのか。お金(すなわち所得)を多く持つと人は幸せを感じるのか、それを幸せと感じる根拠は他人との比較の上でなされるのか、といったテーマを分析する。これらは個人のお金(所得)に注目したものであるが、国全体の所得の伸び(国民所得の成長率)はすべての国民に影響を与える。そこで経済成長は国民の幸福度を高めうるか、果たして経済成長は人間にとって望ましいのか、といったことも議論する。

次の関心は働くこと(労働)である。人は働くことによって幸せを感じるのか、具体的にどういう仕事や働き方をしたときに人は幸せを感じ、かつ高い生産性を示すことができるかを分析する。働かない時間は余暇とみなすことができるが、ここでは余暇は人の幸せに貢献する、すなわち気休めや気晴らしを通じて人の精神を豊かにするし、余暇時間に行う技能の習得を通じて、生産性を高める効果があると主張する。

男性はほぼ全員が働くが、女性(とくに既婚女性)では家庭の外で働く人と働かない人がいる。働く女性には、家事や育児がまだ日本では重くのしかかるので、彼女たちが満足しながら働いているかどうかを分析する。
最後の関心は、人の性格や心理学上の特色が、その人の幸福感の形成にどれだけ寄与するかを分析することにある。どんな性格の人が幸福を感じやすいかといった問題といってよい。

経済学や社会学は正確性、論理性、説得力に重きをおくので、統計データを用いて統計的な解析を行うことが多い。本書も例外ではなく数量分析を行う章があるが、推計方法がわからなくとも趣旨は分かるように配慮した。従って、数量分析の部分を飛ばしていただいても、本書の内容を理解できるようにしている。

目　次

目次

序章

人は誰しも幸せに生きたいと願う。ところが人によって、何に、あるいはどういう時に幸福を感じるかは、それこそ様々である。例えば、好きな人と結婚できたとき、希望の学校の入学試験に合格したとき、自分の仕事がうまく進んだとき、お金をたくさん稼げたとき、応援する野球チームが勝利したとき、綺麗な洋服を着て皆に褒められたときなどなど、それこそ人間に振りかかってくる各種各様の事象に対しての幸福感がある。もとより自分の思い通りにコトが進まず、悲しい不幸に遭遇することも多い。

人間の社会においては一つの事象に関しても、ある人は幸福を感じるかもしれないが、別の人にとっては逆にそれが不幸と感じかねないこともある。例を示せば、企業や組織において上役への昇進の話があるとき、かなりの人は幸せを感じるだろうが、別の人にとっては責任の重い仕事は嫌だとか、長時間労働になるから好まないと思って、かえって不幸を感じることもある。地域異動や職場異動といった転勤の話に関していえば、それこそそれに喜ぶ人と悲しむ人の両方がいるだろう。

本書では様々な人間社会に起こる現象、事象に関して、人はどういう現象、事象に遭遇したときに幸福を感じるのであろうか、ということを分析する。そしてその感じ方が人々の資質なり性格の違いによって、あるいは置かれた境遇の違いによってどう異なるかを分析することが、もう一つの大きな目的である。わかりやすい例を挙げれば、男性と女性によって何に幸福を感じるかは異なるであろう。さらに人の性格についても楽観的な人と悲観的な人がいるが、前者は幸福を感じやすく、後者は不幸を感じやすいだろうと想像できる。でもそれは本当にそうだろうか。統計データで確認する必要がある。本書はこういう問いに答えるべく、個人に関する情報を大規模に集め、統計を用いて、厳格な分析を行う。

幸福に関する分析、議論はもともとは哲学、倫理学、文学に関心の強い人々によってなされてきた歴史がある。人間の生き方や、あるいは人はどのような生き方をすればよいのか、幸福とは何かといったことを議論するのは、どうしても哲学者などに多かった。

しかし、本書の筆者は、経済学と社会学を専攻する身なので、哲学や倫理学でなされてきた幸福に関する議論に、何か新しい見方なり思想を提示するものではない。ただ、哲学や倫理学でなされてきた幸福の思想を無視して、経済学や社会学の分析を行うのは人間の本性を無視しかねない危険性を秘めているので、本書では哲学、倫理学、文学において幸福がどのように考えられてきたのかを、簡単にレビューしてみた。読者のみならず、筆者にとっても参考になる幸福への見方の歴史を知ることができた。

哲学や倫理学が人間の幸福をどう理解してきたのかの歴史をたどれば、二〇〇〇年以上も前の古代ギリシャ哲学にまでさかのぼる。そしてそれ以降、現代まで様々な哲学者、倫理学者、そして文学者が幸福に関する考え方を提示してきた歴史がある。ところが経済学や社会学という学問は新しく、せいぜい二、三〇〇年の歴史しかない。しかも経済学や社会学が幸福をメイン・テーマにして分析した歴史はない。とはいえここ二、三〇年、経済学と社会学は幸福の分析にかなりコミットするようになった。

人々が遭遇する現象、事象は個人によって様々な種類にわたり、そのことに幸福を感じるか不幸と感じるかは人によって様々であると先に述べたが、経済学や社会学が関心をもつ現象、事象はすべての人に影響を与えるものである。例えば経済学であれば、一国の経済成長率（ないしは国民全体の経済活動の成果である国民所得の成長率）が人々に与える幸福感はどのようなものであるかを分析する。換言すれば、国全体が豊かになれば人の幸福感は増加するのであろうかといったことである。豊かな国に住む人と貧しい国に住む人の間で、幸福度が異なるかという問題設定と考えてもよい。

経済成長という考え方をさらに発展させて、人類全体という地球規模で考えると、果たして経済成長を求めることはどこまで正しいことなのか、すなわち人々を真に幸福にするのか、という問題にまで言及するのが本書である。

もとより一国全体の経済成長率とは別に、個々人の所得に注目すれば、所得の増加率は異なるし、人によっては所得の減少を経験する場合がある。このように個人の所得の伸び率は様々なので、この差が個々人の幸福度にどういう影響をおよぼすかは、重要な分析課題である。

ここで大事なことは、自分の所得額を他人の所得額と比較して、自分の幸福度を実感するということである。日頃自分のまわりにいる人々、あるいは自分と資質を同じくする人と比較して自分の所得がそれらの人より高ければ、その人は幸福を感じるのではないか、という仮説である。本書では自分のまわりにいる人々を準拠集団と称して、準拠集団にいる人の所得との比較を行って、準拠集団の違いによってどれほど幸福度が異なるかを分析する。もとより準拠集団については、性別、年齢、婚姻、職業、学歴などといったその特性の効果についても関心を寄せる。

経済学と社会学が関心を持つのは、働くという現象である。人々は一般に労働を提供することによって賃金、所得を稼いで、それを糧にして生活ができるのである。多額の資産を持たない限り、ほとんどの人は勤労によって生きるのである。すなわち、ほとんどすべての人の経験する働くという事象を、人はどう感じているかは重要な課題なので、本書でも詳しい分析を行う。簡単に言えば、働くことによって人は幸せを感じるのか、それとも不幸を感じるのだろうか。もう少し別の言葉を用いると、働くことは楽しいことなのか、それとも苦痛なのかということである。

実は経済学（特に非マルクス経済学である新古典派経済学）では、労働は苦痛であるとの前提に基づいて、労働供給の理論を構築している。すなわち、働くことは効用（満足）を下げるのでなるべく働かない方がいいのであるが、働かないと賃金・所得がなくなって生きていけないので、そこは苦痛を我慢して働く、という発想をする。働いて所得があるので消費が可能となり、消費から効用（満足）を得ると考える。そこに「働かざる者食うべからず」という多くの経済学者の支持する考え方が成立する。

社会学は経済学とは異なり、仕事の種類によっては労働は苦痛ではない場合があり、むしろやりがいのある仕事に従事する人もいる、という発想をする。そこで人々はどのような仕事に就いたとき、またどのような働き方ができるときにやりがいを感じるのか、そして仕事に伴う賃金をどう評価しているかを分析する。

こういう分析を考えた場合、ではどういう働き方を企業なり社会は提供すれば、人々は苦痛をなるべく小さくして、かつ高いモチベーションを持って働くようになり、従って生産性が高くなるのか、という問題意識が生まれる。これは労働管理論という経営学の一分野として発展がみられている。本書は経営学の書物ではないのでこれに関して具体的な提言をするものではないが、本書の中で分析された結果に基いて、人々がよろこんでかつ高い生産性で働いてもらうようにするには、どういう制度なり政策が好ましいかを類推できるのではないかと考える。そのための資料を提供したつもりである。

働く時間以外の自由時間をどう過ごすのか。新古典派経済学を信じるなら、これらの自由時間は長いほどいいのであるが、それをどう過ごすかは重要なテーマである。一日二四時間のうち、労働時間や睡眠や食事などの生活時間を除いた時間を「余暇」と称する。

余暇をどのように過ごすかによって、人々の幸福度が異なってくるので、本書でも分析する。具体的には、スポーツ、芸術、娯楽(パチンコや映画鑑賞など)、観光、そしてゴロ寝など様々な活動があるが、日本人の余暇活動がどうであるかを議論する。そしてどのような活動を行っているときに幸福感が高まるかを分析する。

話題を変えて、女性（特に既婚女性）には家庭の外で働かない、という選択肢があった。外で働いて賃金・所得を稼ぐ女性もいれば、夫に外で働いてもらって自分は家庭で家事・育児に専念するという専業主婦もいる。時代が進むとともに、そして年代が若くなるとともに専業主婦志向の弱まっている日本であるとはいえ、一部の大学卒高学歴女性にまだ専業主婦志向の残っているのが、欧米の女性と異なる日本女性の特色である。

既婚女性が外で働き、かつ家事・育児の両立をこなしたとき生活満足度（幸福度とみなしてよい）がどの程度であるかが重要なテーマとなる。そこで既婚女性がどのような生活満足度を持っているかをデータを用いて分析する。日本経済は出生率の低下によって労働力不足の時代がもう到来している。それを救う手段の一つは、既婚女性が働くことである。そこで生活満足度（幸福度）を下げないで既婚女性が働くにはどういう制度、政策を策定するのが望ましいかを検討するに際して有用な資料となりうる分析を目指す。

最後は心理学と幸福の関係に注意を払う。その冒頭で人々の性格、ないし心理学上の特性の違いが、幸福感を抱くに際して影響があるのではないか、ということを分析する。人々は心理学から見ていろいろな性格（例えば、誠実性、開放性、神経症傾向など）で区分されるが、そういう心理学的な特性を持った人が、どの程度の幸福度を感じるかが関心事である。そしてそれら心理学上の特性について本人の持つ資質（性別、年齢、婚姻、教育年数、子どもの有無、など）との関係がどうであるかを考慮しながら分析を施す。

第1章　幸福に関する思想

1　哲学は幸福をどう考えたか

(1)　ギリシャ哲学

西洋哲学は古代ギリシャから始まったといってよいだろう。誰でも名前の知っているソクラテス、プラトン、アリストテレスをはじめ、多くの哲学者が様々な哲学思想を世に送り出した。本書は哲学の書ではないのでギリシャ哲学の全般を概観するのではなく、本書の主要関心事象である「幸福」ということに関して、ギリシャの哲人がどのような貢献をしたかを論じる。これについてはアリストテレスの貢献がもっとも大きい。

アリストテレスは、例えば、『倫理学』の中で「幸福とはあらゆることの中でもっとも望ましいことであるし、最高善でもある」と述べて、幸福を追求することには価値がある、と主張したのである。さらに、人間が様々な活動を行うとき、それに満足することが目的となるが、それを達成するときに理性を働かさねばならないとも述べたのである。

アリストテレスは『修辞学』の中で、幸福な個人が持つ性質とか獲得した功績を善のリストとして提案している。例えば、生まれのよさ、十分な友人、富、十分な子ども、健康、容貌、権力、運動能力、名声、徳、などである。これらのリストを見て、はるか二〇〇〇年以上前の時代においてギリシャ市民にとって幸福と考えられた項目が、現代人の考えるそれと驚くほどよく似たものとなっていることに気付く。人間として幸福とは何かという問いを考えたとき、時代の差はほとんどないと結論づけてよいのである。後述するように、ここで示した項目は、人々に幸福感を抱かせる変数となっているのである。

例えば、「富」は所得の高い人ほど、「健康」は病気をしていない人ほど、「権力」や「名声」を持っている人ほど、幸福度が高いということが統計で確認される。これは、古代ギリシャの人の判断と同じなのである。他にも、美貌を持つ人ほど、親や子どもという関係における家族環境に恵まれている人ほど、これまた幸福度が高いことがわかっている。つまり二〇〇〇年前と今とで人々の精神には変化はないのである。

アリストテレスに関して強調すべきことは、よく知られていることでもあるが、「中庸」ということを重視したことである。幸福を得るために理性を働かさねばならないと述べたが、その理性に関しても人によっては両極端な理性、あるいは戦略を取ることが可能である。例えば、恐怖と平然、放埒《ほうらつ》と無感覚、放漫と吝嗇《りんしょく》、傲慢と卑屈、という両極端の倫理観を考え得るが、アリストテレスはこれら両極端を排して、両者の中間にある「中庸」を好ましい倫理として推奨する。例としてここで列挙し示されている。極端を排し、節度とバランスのとれた判断をすることが肝要、というのがアリストテレスの有名な思想なのである。なにごとも行き過ぎてはいけないし、一方で不足であってもよくない、というように、感情や生活行動においても過剰と不足を排することが肝要という考え方は、至極まっとうなことと現代でも思われている。

このアリストテレスによる「中庸」の思想は、幸福度にも適用可能ではないだろうか。人が幸福の絶頂にいるとか、どん底の不幸の状態にいる、という両極端は排除されるべき、ということになる。すなわち、不幸のどん底にいるということは、人間として耐えられないことだし、最悪の場合には死ということも起こりかねない。もとより、最高の幸福が永久に続くのが理想なので、これがもっとも好ましい。ただし、一方で幸福の絶頂にいると、いつ何時何かが起きて不幸が訪れかねないという不安に悩まされると予想できる。こういう意味では、最高に幸せとか最高に不幸という両極端よりも、中庸の幸福度にいてそれが永く続く状態の方が好ましいという判断にも説得力はある。

これに関してもう一つの指摘が可能である。日本人の幸福感は世界各国の中ではほぼ中間の順位であった。高くもなく、かといって低くもないという「中庸」の地位は、アリストテレスの思想に忠実であるなら、日本人の幸福感は妥当な線にある、との解釈が可能である。しかし、幸福度が最低にあるという国は避けねばならないが、最高の国、あるいは高い国というのは確実に好ましいことなので、世界各国の中で幸福度が中間の位置にいることに対して、アリストテレスの「中庸」の思想を適用して、中位の幸福度で充分であるとは主張できない。

このようにして、アリストテレスは人間の幸福に関して貴重な考えを提示したが、橘木(二〇一一a)ではギリシャ市民社会にある種の限界を認めているところがあって、ギリシャ哲学をやや割り引いて評価している。確かにギリシャ哲学自体は哲学史の中で燦然と輝く思想を提供しているので、筆者にはそれをどうこう評価する資格も能力もないが、ギリシャ哲学は市民の幸福のみを念頭において考えており、奴隷のことは無視していたことが気にかかっている。具体的には橘木(二〇一一a)で述べたように、人間の労働は奴隷のみが従事することであって、市民は自由な思索をするためには労働から解放されるべき、との主張を好まないのである。

すなわち、「労働は卑しいことである」とギリシャ哲人は考えたので、市民は苦しい労働などにコミットすべきではなく、奴隷に任せるべきということになる。市民と奴隷の存在という階級社会であればこのような論理も成立しうるが、身体的・精神的な理由によって働けない人への手当は当然必要であるとはいえ、「働かざるもの食うべからず」という思想が普遍性を持つ現代なので、働かない市民だけの幸福が念頭にあった当時のギリシャ人の世界観に一〇〇％の信頼をおけないのである。換言すれば、苦しい労働をさせられた奴隷の幸福をどう考えたらよいのか、という視点もギリシャ哲学では必要であったと判断するので、ギリシャ哲学における幸福論には限界がある、ということになる。

(2) 快楽主義(エピクロス派)と禁欲主義(ストア派)

快楽主義と禁欲主義という一見正反対の哲学思想を語る二つの言葉は、幸福を議論するときには、共に有益な考え方を提供しているので、やや詳しく述べておこう。双方とも古代ギリシャ哲学におけるソクラテス、プラトン、アリストテレスなどの巨人が世を去った後の紀元前三〜四世紀に始まった思想である。快楽主義はエピクロス、禁欲主義はゼノンという哲人が創始者である。

禁欲主義の方が多く後継者を出したのに対して、快楽主義は後になって一部の人に支持されたに過ぎないという歴史的経緯があるので、先に快楽主義を簡単に述べて、次いで禁欲主義をやや詳しく論じてみよう。

快楽主義は「快楽」という言葉が持つ意味に忠実だと、何はともあれ快楽、あるいは享楽に走って生きる姿を賛美しているように感じるかもしれないが、エピクロスは必ずしも享楽に走れとは主張しておらず、むしろ幸福を求めることこそ価値のある快楽として、自然の成り行きに任せてそれを受け入れる心の平静さが快楽に通じるのである、と主張した。

エピクロスの思想はローマ人にも継承されたが、当時のローマにおいて論敵であった禁欲主義（ストア派）の攻撃を受けた。すなわち、エピクロス派は「欲望の権化」あるいは「物質主義による享楽賛美」を信じる一派として中傷を受けたのである。そして当時のローマ帝国では、皇帝ネロに仕えた哲人セネカ、奴隷出身のエピクテトス、皇帝マルクス・アウレリウスなどのストア哲学が優勢で、ローマ人の支持も高かった。そこで快楽主義は勢いを失うようになったのである。しかし、後の時代になってから本書でも取り上げるベンサムによる功利主義として姿を変えて復活する。

「ストイック」という言葉は、ストイックな人(禁欲的な人)を表現するのによく用いられるが、この語源はストア派の哲学から来たものである。この学派の思想は後の思想家にも大きな影響を及ぼした。例えば、後の時代の世界の三大幸福論として有名な文学者、哲学者である、ヒルティ、アラン、ラッセルのうち、ヒルティやアランはストア派の思想に依拠したと考えてよい。

セネカ、エピクテトス、マルクス・アウレリウスという三名のストア派思想家のうち、波瀾万丈な人生を送ったのは、セネカとマルクス・アウレリウスである。セネカはローマ皇帝となることはなかったが、暴君ネロ皇帝に仕えた有力な政治家であったし、哲人でもあった。マルクス・アウレリウスは皇帝にまでなったが、哲学者としても有名で彼の自著『自省録』はストア派の禁欲主義を軸に置いた書物である。禁欲主義者だけにローマ帝国をよく治めたので、五賢帝の一人に数えられ、後になってからプロシャのフリードリッヒ二世(大王とも呼ばれる)などのような啓蒙君主のモデルともなった。

これら三名のストア派が、幸福に関してどう述べているかがバウマン(Bauman 2008＝2009)、合田(二〇一三)に紹介されているので、それを簡単に述べておこう。セネカは彼の『幸福な生活』(あるいは「人生」とも訳される)という著書の中で、「幸福に生きることはすべての人間の欲するところだけれども、幸福な生活を得ることはきわめて困難なことなので、それを外れるとますます幸福を求めるようになるが、そのことでますます幸福の目的ということから遠ざかってしまう。幸福は獲得を目指すのではなく、「徳」を持っておれば自然と訪れるものである」としている。現代風に訳せば、強引に幸福を求めるためにあくせくすることなく、普通に善《よ》いことをしておれば幸福はこちらに寄ってくるものだ、と言えようか。

セネカに関しては、彼の『善行について』の中に、興味ある言葉がある。「私達はしばしば「幸福を与える」「幸福をもらう」などと言うけれど、人々はそれらの真意を果たしてわかっているのだろうか。これら贈与と受領が場合によっては憎悪に転じることがある」。どういうことかと言えば、何を与えるかも与える際の意図もどちらも大切で、与える側は必ずしも必要とされていないものを押し付けがましく与えればむしろ受領する人は憎悪を覚えることもあると心得るべきだし、受け取る側は感謝しつつそれを受領し、返礼も徳をもってそれを行うべし、ということがセネカの言いたいことではないか、と解釈できる。実は「贈与」という概念は、現代でも幸福を考えるときには重要な言葉となっている。ローマ時代の頃から、人に何かを与えるときと人から何かを受け取るときの心がまえの重要性が説かれていた、と理解でき、昔と今も変わらない人間心理を感得できる。

五賢帝の一人マルクス・アウレリウスは幸福に関して、彼の『自省録』の中で次のように言っている。「よい人生(幸福と解してよい)は、論理のなかにも、富のなかにも、栄光のなかにも、道楽のなかにもない。どこにもないものを、どこで見つければよいのだろうか。それは人間の本性が必要とすることからである」。その本性とは、正直、威厳、勤勉、自制、満足、倹約、優しさ、独立心、質素、慎み、寛大、といった人格的な徳性と良心を持つことにある、とマルクス・アウレリウスは主張している。現代風に述べれば、必ずしも物質的なことや名誉的なことを得たことで人は幸福になるのではなく、人間の精神上の徳を高めることによって幸福を得ることができる、ということになろうか。

最後に、エピクテトスについて一言述べておこう。ローマ皇帝ネロの臣下の奴隷だったということで、一般論としては自由市民のみが政治、思想に関与できるという階級社会において、元奴隷という出自の者が哲学を語ったこと自体は意義深いといえる。エピクテトスは「幸福は獲得したり享楽することではなく、欲望しないことで存在する」と述べている。ストア派の哲学の柱である禁欲主義の中で、幸福とは求めるものではなく、「徳」があれば自然と訪れるものである、との思想がにじみ出ている。

(3) パスカル、スピノザ、カント、ベンサム、マルクス

本書は哲学ないし哲学史の書物ではないので、哲学史上で大きく輝く哲人を網羅的に語るのではなく、これらの哲人が幸福について何かを語っている場合と、現代においてもその主張が意味を持ち続けている思想についてだけ、ごく簡略に紹介するものである。これらに関しても、バウマン(Bauman 2008 = 2009)、合田(二〇一三)に詳しい解説があり、そこからごく短い文章を引用する、という手段をとる。ただし、ベンサムとマルクスは哲学者の顔をも有しているが、経済学への貢献が大なので、やや詳しく論じる。

パスカル(一六二三—六二)はフランスの数学者、思想家である。幸福に関しては、「人間は誰しも幸福でありたいと思うので、様々な活動に訴える。ところが人間に真理や正義が可能になることはないし、それらを知ることもないので、様々な活動は単に「気晴らし」にすぎない。「気晴らし」が悲惨

となることもあるし、それに人間には「死」という不幸があるので、しょせん人間は本質的に幸福になれない」(『パンセ』より)というのが彼の考えである。このように、パスカルは人間の不幸は不可避と考えた。ついでながらやや話題を変えるが、橘木(二〇一一a)はパスカルの「気晴らし」の概念に関して、人間が働くときに「気晴らし」をうまく援用すれば、働くことの苦痛が和らぐと主張している。

スピノザ(一六三二―七七)はオランダの思想家であり、パスカルとは異なりストア派の正統な後継者とみなしてよい。スピノザは「幸福は徳の報酬ではなく、徳そのものである」と述べているが、彼は、既に紹介したセネカやマルクス・アウレリウスが幸福は獲得を求めるものではなく、善《よ》いことをしておれば(それは徳のことである)自然と幸福は訪れるものである、と主張していた、その延長線上にいることがわかる。後述する三大幸福論者のうち、アランとヒルティがスピノザを絶賛していることでわかるように、スピノザの哲学思想は極めて重要である。

ドイツの偉大な哲学者であるカント(一七二四―一八〇四)は、『純粋理性批判』『実践理性批判』において、幸福に関しては「幸福の概念はあまりにも曖昧なので、誰もが幸福でありたいと欲望するのにもかかわらず、自分が何を欲望して何に意欲を感じているのか明確に言える者は誰もいない」と述べている。幸福は理性による理念ではなく、想像のみによって形成される理想にすぎないのである。換言すれば、幸福ということをひとつの定義で完成することは困難なことであり、万人を納得させることのできる幸福は存在しない、ということになろうか。

次は「最大多数の最大幸福」という言葉で有名な、イギリスのベンサム(一七四八―一八三二)である。経済学に強い影響を与えた思想家なので、やや詳しく検討しておこう。それを議論する前に、経済学では「効用」という概念が用いられているので、「効用」から語る必要がある。個人あるいは家計が所得を用いて消費行動を行う際に、消費から得られる満足度を効用(utility)という概念で測定できる、と経済学は考える。個人あるいは家計は効用の最大化を目的として、与えられた所得と諸々の消費財の価格の下で、どのような消費財の購入を決定するのかを分析するのが消費の経済学という分野なのである。

一八七〇年代の経済学界には、オーストリアのメンガー(一八四〇―一九二一)、イギリスのジェヴォンズ(一八三五―八二)、フランスのワルラス(一八三四―一九一〇)という三人の経済学者がいたが、三人はそれぞれ独立に「限界革命」と称される分析手法を提起して、ここで述べた個人もしくは家計の効用を最大化するための消費に関する数学理論を打ち立てたのである。

ここで「幸福」と「効用」の関係を考えてみよう。経済学は消費だけに注目して、消費から得られる満足度を効用とみなして、他から得られる満足度を必ずしも効用とはみなさなかった。さらに、効用を幸福という言葉に置き換えて使用する経済学者はいなかった。幸福は財の消費から得られる満足だけではなく、例えば仕事、余暇、家族、芸術、スポーツ、など諸々の人間活動から得られる満足にも依存すると考えられるからである。現にここまで論じてきた哲人が対象とした幸福の考え方は、財の消費から得られる満足を無視はしなかったが、主に様々な人間行動から得られる満足を論じることに主眼があった。やや極論すれば、経済学者以外は人生上の諸々の活動から得られる満足を幸福とみなしたのである。

経済学でも一つの発展はあった。財の消費を賄うために所得が必要であるが、所得を稼ぐには働かざるをえない。働くということは労働であり、労働は人間にとって苦痛なことなので、労働イコール不効用とみなして、効用に対して不効用をも考えるようになった。そこで人の効用関数、$u = f(c, l)$を考えた。ここでcは消費(ないし所得)、lは余暇(労働しない時間)を示す。消費イコール所得と余暇の兼ね合いを考えて、人の効用を最大にするような労働供給を分析することも、経済学の課題となったのである。効用という概念が、消費と労働供給という二つの分野で効力を発揮するようになったのが経済学なのである。

ここでなぜベンサムが登場したかを説明する必要がある。ベンサムは一八世紀から一九世紀の初期に活躍した哲学者で、功利主義の創始者として有名である。個々人の効用(ここでは必ずしも経済学者の考える消費と余暇から得られる効用ではなく、諸々の人間活動から得られる満足ないし幸福を考える)を、社会を構成する全ての人間にわたって計算し、その総和を最大にすることがその社会の目的となる、ということをベンサムは主張したのである。背後には、「幸福をもたらす行為が善である」との思想があり、その思想が功利主義と呼ばれる。さらにそこで考えられた主義、社会を構成するすべての人間の幸福の総和を最大にするような「最大多数の最大幸福」が、ベンサムのいう理想の社会なのである。

ベンサムのいう社会の効用の総和を最大にする「最大多数の最大幸福」は二〇世紀になってから、

アメリカの哲学者ロールズ(一九二一—二〇〇二)から批判を受けた。すなわち、社会を構成する個人の効用の総和ということは、それらの個人一人ひとりを同等に評価するということを意味するが、現実の世の中では、恵まれた人もいれば恵まれない人もいるし、高所得者もいれば低所得者もいるというわけで、それらの人々の効用を同等に評価して社会の効用の総合計を考えるよりも、恵まれない人や低所得者の効用により大きなウェイトを付けるべきではないか、というのがロールズの主張である。やさしく言えば、恵まれている人や高所得者の効用よりも、恵まれない人や低所得の人の効用をもっと高くすることを社会の目的として考慮する必要があるのではないか、と理解してよい。

ベンサムの考え方とロールズの考え方、どちらが正しいのかを客観的に決定することは不可能である。恵まれない人や低所得の人への同情心が強い人がいる一方で、それらの人は自己の努力が足りないからそうなっているのだ、と判断する人もいて、個人の価値判断に依存するからである。民主主義の時代であれば、前者と後者のどちらを好むのか、多数決で決める方法が考えられる。

ここで「効用」と「幸福」の関係を再び考えてみよう。経済学者の考える「効用」とは、消費と余暇から得られる生活満足度であるが、経済学がこの言葉を広範囲に用いるようになったのは、一九世紀の後半である。しかしそれ以前の一九世紀前半までにベンサムは個人の効用を総合計する考え方を提示していた。そのときベンサムの念頭にあった効用は、経済学者が狭い意味で用いる「効用」ではなく、むしろもっと広い意味での今で言う「幸福」に近い概念であったと言ってよい。それだからこそ、社会を構成する全個人の効用はむしろ「幸福」と考えた方がよいとして、その総和を最大化することイコール「最大多数の最大幸福」という原理になると主張したのである。

本書の主たる関心は幸福であるから、当然のことながら経済学者の考えた効用ではなく、ベンサムの考えた効用がむしろ幸福としてふさわしいのではないか、という解釈の立場に立つ。しかも、経済学が狭い意味で考えた効用の概念を大幅に拡張して、経済的な生活からのみならず、人生にまつわる諸々の現象や行動から得られる満足度に注目して、幸福を分析すると理解してほしい。

最後は経済学者ながら哲学にも強かったマルクス(一八一八―八三)である。労働者は資本家によって搾取されていることを明らかにした上で、資本主義はいずれ崩壊して、社会主義経済の到来に向かうだろうと予想した。この予想は必ずしも当たらず、レーニン(一八七〇―一九二四)の主張した暴力革命によって「社会主義国」が誕生した。レーニンの有名な言葉に「働かざる者食うべからず」があるが、人は食べるために働かなければならないという思想は、マルクス経済学のみならず資本主義を肯定する近代経済学でも容認されていたことである。二大経済学がこのように人は働かざるをえないと考えていたことは重要なことであるが、双方ともに労働は苦痛を伴うことである、と考えたことも重要である。マルクスは労働を人間疎外とみなし、マルクスの娘婿・ラファルグは労働は苦痛以外の何ものでもないとし、近代経済学においても既に述べたように労働は不効用を生むとしたのである。

幸福という観点からマルクスを評価すると、資本家によって搾取されている労働者は幸福ではありえないことが確実である。それであるからこそマルクスがエンゲルスと組んで、『共産党宣言』を著して「万国の労働者よ団結せよ」と呼びかけて、資本家への抵抗姿勢を鼓舞したことは有名である。

(4) ニーチェ

ニヒリズム(虚無主義)の旗手とされるドイツの哲学者は、異端者、不道徳者とも称されることのあるユニークな人物である。ニーチェ(一八四四―一九〇〇)に関しては彼の『ツァラトゥストラはかく語りき』が本人の代弁者とされ、『この人を見よ』は自叙伝であるのでそれらを参照し、一般論としては竹田(一九九四)を参考にした。

ニーチェはヨーロッパの長い歴史の中で人々の精神、思考を支配してきたキリスト教を否定し、人間の倫理や道徳などを無視する態度を取った。これは人間社会の破壊をも意味しており、ニーチェ自身は自己の思想が破壊につながることを知っていたし、むしろそのことに喜びを感じているほどだったのである。

異端で不道徳な哲学者・ニーチェを紹介する一つの有力な理由は、後に取り上げる三大幸福論者(ヒルティ、アラン、ラッセル)がそろってニーチェの批判者であり、嫌いな哲学者としているので、ここでニーチェを知ることは三大幸福論を理解する上で役立つと考えられるからである。特にニーチェが幸福をどうとらえていたかに注目したい。

ニーチェは、その幸福観に関して、バウマン(Bauman 2008＝2009)が強調するように、ツァラトゥストラに語らせている。人間には二つの種類の人がいるとする。一方が、高い地位にある者、偉大な者、高貴な者、強い意志をもった者、といったグループであるのに対して、他方が、低い地位にある者、卑小な者、低俗な者、弱い意志をもった者、といったグループである。人間社会には優越者と劣等者の二つのグループが存在していることをニーチェは強調して、前者はどこまでも豊かな幸福者になりうるのに対して、後者は自分達の宿命を平静に受け止めるだけで幸福者にはなりえないと考えた。ニーチェの言葉を用いれば、優越者は「超人」と呼ばれる人々である。

優越者を強者、劣等者を弱者と解釈することも可能であるから、現代風に言えば格差社会を連想させるに十分である。ニーチェの生きた一九世紀あるいはそれ以前のヨーロッパを想定すれば、格差の上にいる人は領主、地主、貴族、あるいは軍隊の幹部、新興事業家といった人であり、一方で格差の下にいる人は平民、農民、労働者といった人になろうか。

上層階級にいる人の多くは――当時の身分社会にあっては世襲であるから――、生まれながらの強者なので、ニーチェが期待したようにそういう人が能力的にも精神的にも強い人でありえたか疑問がある。一方で格差の下にいる人も、たまたま生まれながらの平民、農民、労働者なので、たとえ高い能力や強い精神を生まれながらに保持していたとしても、それを発揮する機会はなかったと言えるのではないだろうか。

現代の視点からすると、ニーチェのいう幸福な人（強者）と不幸な人（弱者）の差については、世襲による身分制の階級社会にあっては、生まれながらにして幸福な人とそうでない人の差が出現している程度が高い、という留保をつけておこう。もっともニーチェの言葉を借りれば、「自分で努力して成功した人」も「超人」の中に含まれているので、生まれながらの身分上の弱者であっても本人が強い意志をもって努力している人を全面的にではないが多少は称賛している。従って、生まれながらにして既に「全員」が幸福な人(強者)と不幸な人(弱者)に区別されていた、とは解釈しないでおこう。

むしろニーチェの主張の中で際立つことは、強者は弱者や不運な人への哀れみや同情は不必要である、としている点にある。しかも弱者や不運な人が強者に嫉妬を感じることは、賤しいことだとしているし、自分達の凡庸さを率直に認めるべきだ、としている。これを現代風に述べれば、強者から弱者への移転政策(例えば所得再分配政策や低所得家計の子弟への教育支援策など)を否定しているとの解釈が可能である。現代でも移転政策に賛成しない人はかなりの数存在するので、ニーチェの思想は必ずしもユニークなものではない。ニーチェが経済学で言うところの移転政策を想定していたとは思えない。しかし少なくとも強者と弱者の間の格差を縮小したり、強者である人と弱者である人の間の流動性があるようにする、といった政策は不必要と考えていたのである。

2　三大幸福論

(1)　カール・ヒルティ、アラン、バートランド・ラッセル

ヒルティ(一八三三―一九〇九)、アラン(一八六八―一九五一)、ラッセル(一八七二―一九七〇)によるそれぞれの著作、『幸福論』、『幸福についてのプロポ(幸福論)』、『幸福の獲得』は、世界三大幸福論と称されるほど、幸福に関して有用な論点を提供し、今でも愛されている。それぞれの幸福論について

は後に詳しく論じるが、その前に三人の著者の共通点と異なる点を考えてみたい。
三人ともにスイス、フランス、イギリスというヨーロッパ生まれの哲学者、評論家であり、高い教育を受け学問に精通した知識人である。いい意味でも悪い意味でもインテリの特色を有している。いい意味というのは、歴史、宗教、文学、哲学、法学、数学（ラッセルのみ）などの学問に秀でて、人間が遭遇する諸問題を知性と良識に基づいて解明した上で、適切な人生の生き方、幸福な生き方を提唱したという意味である。他方であえて悪い意味といえば、例えば苦しい肉体労働で生きる庶民のことを念頭においた生活体験、あるいは極端な貧亡になった経験がなく、それに基づいた論議に欠けることがある。換言すれば、これら三名の幸福論を読んだとき、インテリの弱みが時々出現することがある、ということになる。

もっとも、ヒルティは小国スイスの平和な生き方を真剣に考えていたし、アランはドイツがフランスに侵攻した第一次世界大戦において志願兵として従軍している。ラッセルは戦争に反対して投獄されたことがあり、核兵器廃絶運動に積極的に関与していた。三人は平和主義者であることは確実である。

平和主義者とは直接関係ないことかもしれないが、既に述べたようにヒルティ、アラン、ラッセルともに、ニーチェの思想に共鳴していなかった。すなわち、異端思想家、不道徳者を自他ともに認めるニーチェに対して、三人は批判者であったということだ。このことは、三人ともに禁欲主義（ストア派哲学）に大なり小なり親近感を持っていたこととも相通じる。

不道徳の一つは、ニーチェによるキリスト教の否定によって象徴されるが、実はキリスト教に関してはヒルティだけが深く帰依して、キリスト教の教義に忠実に幸福を考えた一方、アランとラッセルはキリスト教から離脱している。ニーチェ、アラン、ラッセルはキリスト教の教義とは無縁の思想を主張した。

ニーチェに関してもう一つ加えれば、彼は時折「狂気」の哲人とも称されることがある。「幸福」を考えるためには、「狂気」ということを勘案せねばならないことをヒルティが示唆していることを合田(二〇一三)が言及しているが、ヒルティ、アラン、ラッセルの三人ともに、人間に避けられない肉体と精神の疾患を語っていることが、同時に述べられている。アランはうつ病患者、ラッセルも被害妄想の狂人などに言及することで、精神的な病が幸福論を語る上で重要な意味を持っていることを示唆している。

幸福論を書いた三人の人生に注目すると、本人達は意外なことに様々な不幸に遭遇していることに気付く。ヒルティであれば肉体と精神の病から憂いの中にいたし、家族や仕事のことで悩むことが多々あったことがわかる。アランに関しても、リューマチだけでなく生涯において様々な病に苦しめられた。ラッセルに関しても仕事上のことや家族のこと(本人は四度の結婚をしたので、何度かの離婚という苦難を経験している)で悩むことがあったし、政治上のことで投獄もされている。

これら三名の幸福論者による人生上の苦労から、人間は不幸を経験することによってはじめて幸福の意味がわかる、という教訓が導き出されるのではないか。逆に、いつでも幸福な状態にいる人には、自分が幸福であることが自覚できないかもしれない。一方で突如として、家族を失うとか仕事がなくなるとか、病に陥るという不幸に遭遇すれば、今まで自分が幸福であったことに無自覚であったとやっと気付くだろうし、自分にとって幸福とは何なのだろうか、ということを真剣に考える機会になる可能性が大なのである。そういう意味では「不幸は幸福のためにある」という格言が提案できるかもしれない。

(2)　ヒルティ

スイスに生まれ、ゲッティンゲン大学、ハイデルベルク大学で法律、哲学を学び、ベルン大学で教授・総長を務めた学究であったが、弁護士や代議士として法曹と政治の世界でも働いた。キリスト教の信仰が厚く、哲学としてはストア派に親近感を抱いていたので、享楽を嫌い禁欲の生活を旨とした人である。例えば彼は禁酒運動に熱心だったことは有名である。

キリスト教への帰依の強かったヒルティの時代のヨーロッパは、ルターやカルヴァンの宗教改革運動から二、三世紀を経ており、いわゆるカソリックによる教会権威主義が弱くなっていた。カソリックにあっても、その余波を受けて過去のような教会が大きな権力を示す時代ではなかった。ヒルティもこのような時代的背景の中、教会という制度による布教や伝道には関心を示さず、むしろキリスト教の精神や教義自体に興味を覚えて、神への回心を中心に思考を形成した。すなわち、過去の罪の意識や生活を悔いて、改めて神への信仰に心を向けることに、キリスト教の価値を認めたのである。

このことについて合田(二〇一三)は「懺悔《ざんげ》」という言葉を用いて、ヒルティのキリスト教への信仰を語っている。「懺悔」はキリスト教において罪悪を自覚し、これを告白して悔い改めることを意味する。懺悔の本質は、一方では、はるかに困難でかつ稀にある回心への決意を示すが、他方では回心のために自力以外の外からの力が必要という確信である。このような外からの「他力」がないのであれば、「自力」だけでは回心の意志さえも達成されえない、とヒルティは書いている。

ここにヒルティの幸福論の本質がある。次に述べるアランは幸福を求めるには「自力」が必要であるとしたが、ヒルティは「他力」をも必要とすることを示したのである。しかし、自力(あるいは内なるもの)と他力(あるいは外なるもの)、あるいは善悪の境界ははっきりしないのが現実の世界であり、その境界を知るのは神のみである、というのが神への帰依が強いヒルティらしい主張である。

ヒルティの思想を幸福論の立場から評価すれば、カルヴァンを中心にしたプロテスタンティズムの思想の効果の方が、私達の幸福論に与える意義がより大きいと判断される。どういうことかというと、カルヴァン派の宗教改革はよく知られているように「勤勉」と「倹約」を人間の生き方の基本として重視した。橘木(二〇一一a)では中世におけるキリスト教が、修道院における僧侶や修道僧が農業を営みながら自活を行うということによって、信者以外の人々に対しても自活することの範になるような働き方をしていたことを示した。キリスト教では以前は多少働くことの意義を認めていたが、こうしてキリスト教において働くことの意義が中世に大きく芽生えた。近世を迎えて一六、一七世紀に入ると、カソリックへの反旗を翻して、宗教改革運動がヨーロッパを席巻した。

カルヴァン派のプロテスタンティズムは、聖書を唯一の教義とする立場から、神への信仰のみならず禁欲的な生活を一般人に求めるものである。ここにギリシャ哲学におけるストア派の思想が流れていることを知ることができる。禁欲的な精神とはいえ、人々が働くことによって生活の糧をつくることの大切さも強調し、得た生活資金をぜいたくに使うことを戒めた。このことからもストア派の影響を感じることができる。これらのことからカルヴァン派のプロテスタンティズムが「勤勉」と「倹約」を奨励したことが明らかである。マックス・ヴェーバーが主張したように、この二つの思想が後になって、資本主義における有力な倫理となることは有名な歴史的事実である。

スイス人のヒルティがなぜカルヴァン派の「勤勉」と「倹約」を重用したかを考えると、ヒルティのキリスト教、特にプロテスタンティズムへの信仰心に加えて、スイスという地域の効果もあるのではないだろうか。すなわち、カルヴァン派の宗教はスイスのジュネーブ地方を中心にした地域が布教の中心であり、信者もこの地域で多かったことがある。ヒルティはドイツ語圏の人なのでフランス語圏のジュネーブ地域と関連付けるのは少し無理はあるかもしれないが、ここは小国スイス国民が言語に寛容であることと、ヒルティ自身が小国スイスの生きる道をよく分かっていたことで説明しておこう。

ヒルティは『幸福論』の中で、確かに自分の意志で「仕事」を見つけて、楽しみながら働くことの意義を強調して、それが幸福の第一歩であると綿々と述べている。仕事が無くて働く機会がないのであれば、生活に困ることを意味するのであり、何よりも仕事のないことは不幸の原因になるのである。

そして仕事があったとしても、その仕事を楽しんで行うことができるのであればそれに越したことはなく、「楽しい仕事」を幸福の条件にしている。さらに仕事を効率的に行うためには「休養」も大切であり、適切に休養、余暇を楽しむことも肝要、というのがヒルティの幸福観である。このヒルティによる仕事と休養（余暇）から得られる幸福感については、本書でも主要な論点となることを強調しておこう。

(3) アラン

アランという名前は、エミール・シャルティエのペンネームである。アランは『芸術論』などでも知られた文人、哲人であるが、有名な著作は『幸福についてのプロポ』である。この書物は体系だったものではなく、短いエッセイ風の文章による提案と称してもよいもので、それらをまとめて出版したものである。第一部が六〇のプロポから成り、第二部で三三のプロポが加えられている。

アランの経歴を簡単に述べておくと、リセ（高校）や大学の教員の養成校であるフランスでのエリート校として知られるエコール・ノルマル・シュペリウール（高等師範学校）で学んだ。この学校はフランスを代表する文人、哲人が多く輩出していることで有名である。アランはこの学校を卒業してからリセの教員を務め、パリの名門リセであるアンリ四世校でも教えた（フランスのエリート校に関しては橘木（二〇一五）参照）。

アランがリセとエコール・ノルマル時代、そしてリセの教員をしながらどのような哲学書に親しんだか合田（二〇一三）に詳しい。そこで明らかにされたことは、アランがもっとも魅力を感じた一人はスピノザとされる。本章の第1節でも解説したように、スピノザはストア派哲学の正統派継承者だったので、アランの哲学、特に幸福論もストア派哲学の影響を大きく受けている。

しかしスピノザを礼賛するとはいえ、合田（二〇一三）は「体操する知恵」「心身平行線とは何か」という小見出しの文章の下で、現代で言う諸々の心身症、例えば、うつ病、躁うつ病、ノイローゼ、神経衰弱、アルコール依存症などにどう向かえばよいかということに対して――アランが活躍した当時既に心身症は存在していた――、あたかも体操や運動をするような形で治療すればよい、とアランが主張していたと述べている。例えばあくびをするとか、体を伸ばすとか、微笑むといった人間の仕草が、あたかも体操のような役割を発揮して、諸々の心身症の治療に役立つと、合田は主張する。ストア派の認識論とスピノザが組み合わさると、ここで述べたような記述に哲学者は到達するというのだが、哲学に素人の身にはその論理はよくわからない。

ただし、次のような記述で少しはわかる。ストア派は基本情念として、憎悪、嫉妬、不安、絶望の四つを挙げ、デカルトは『情念論』で驚き、愛、憎しみ、欲望、喜び、悲しみの六つを挙げ、スピノザはこれを喜び、悲しみ、欲望の三つにまとめた、とされる。ここで情念とは、「心にわく感情や心に起こる思い」であるが、情念が幸福への障害となり得ることがある。例えば、悲しみという情念が強すぎると、取るに足らない不幸であっても悲しみの情念がますます不幸を助長することがありうる。もう一つの例であれば、たとえ小さな幸福であっても、「ほほ笑む」という仕草によって、その幸福感は益々高くなる可能性があるのではないだろうか。

アランの幸福論において私たちにとって参考になることは、次の二点である。第一は、「幸福になりたいと思うなら、そのために人は努力をしなければならない」、「子どもたちに幸福になる術をしっかり教えねばならない」などと主張している点である。幸福とは自分から求めて得ることではなく、「善」や「徳」を持っておれば幸福は自然と遠くから訪れるものだとしたセネカ、エピクテトスやマルクス・アウレリウスなどのストア派の禁欲主義とは異なる発想である。アランはストア派の流れにあるとしたが、禁欲主義に関してはストア派から乖離していると言える。

第二は、アランは幸福は「権利」というものではなく、「義務」という観念で理解した方がよいとしている点である。これは合田(二〇一三)の主張している点でもあるが、もし幸福が人間の権利であるなら憲法で規定される権利であるように、すべての人間がそれを成就せねばならないということになる。もし幸福でない人が存在すれば、社会はあらゆる手段を講じてその人を幸福にせねばならない、ということになる。とはいえ、幸福が権利であれば、当人の意志を尊重して権利を行使しない自由がある、と考える人はいてもよい。

一方で幸福を義務と考える見方からすると、社会がすべての人を幸福にせねばならない「義務」があると解釈できなくもないが、むしろ幸福は個人がそれを望むのなら、それを与えるのは社会の義務と考えた方が自然である。なぜならば本書で明らかにするように、「幸福とは」は人によって正に様々なので、社会がすべての人を幸福にすることは不可能である。すべての人が経済的に貧困ではない、という状態を達成することが幸福の最低条件である、という合意が社会にあれば幸福は「権利」でよいが、人によっては経済生活だけが幸福のための条件ではないことは明らかなので、曖昧な定義しかできない幸福を人間の権利とすることには多少の無理がある。

幸福は「義務」である、と考えた方がよい理由として、人によってどの程度の幸福を求めるかということも、千差万別ということがある。高い幸福を求める人と、そこそこの幸福でよいとする人が存在する中で、社会がそれらの人びとの双方を幸福にするには、政策の種類や規模が異なってくるので、「権利」としての幸福においてすべての人に対処することは困難である。幸福を個人の「義務」として、その成就の方法を個人の裁量に任せた方が自然と考えられる。

(4)　ラッセル

ラッセルは貴族の家に生まれ、ケンブリッジ大学で学んだエリートである。ラッセルのファースト・ネームであるバートランドは、定常状態経済の提唱者であるジョン・スチュアート・ミルの命名であり、これはイギリスにおける知識社会の結びつきを感得できるものである(橘木 二〇一三)。ラッセルはケンブリッジ大学卒業後にケンブリッジの教員となるが、平和運動や社会運動にコミットし、過激な発言や執筆をしたりして、大学を解雇されている。その後は独立の文筆家として生き、投獄された経験も有している。

ラッセルは専門の哲学、論理学の分野で第一級の仕事を残した学者である。一九三〇年、五八歳の時に大部の『幸福の獲得』を出版した。これは、ラッセルの「幸福論」として有名な書物となったが、ラッセル自身の記述によると、この本は三つの異なった評価を受けたとされる。第一は、一般の読者からは好評を得た結果、大変なベストセラーになった。第二は、知識人からは、金儲けのための駄作であり、彼が政治活動以外のことができることを示すための逃げ口上にすぎないとされた。第三は、プロの精神分析専門家から賞賛された。これらは高名な執筆者による書物が受ける様々な批評の典型例であると認識できる。

最後の精神分析に関しては、ラッセルの幸福論がフロイトの「エディプス・コンプレックス」の概念を用いて、人はなぜ不幸になるかを説明していることによる。そもそもフロイトは人間はなぜ幸福になれないかを精神心理学から考えたが、ラッセルはフロイトの学説を援用して不幸の原因を論じたのである。「エディプス・コンプレックス」は男児が母親の愛を得ようとし、父親に強い抵抗を示す心理状態を述べたものである。背景には男根崇拝とそれへの女性の劣等感があるとしたが、男児・母親・父親間の心理的葛藤が神経症状の原因であるとして、これが不幸を生むと考えたのである。

これに関して、合田(二〇一三)は二つの注目点を示した。第一は、意識への無意識の作用に比して、無意識への意識の作用の研究が遅れているとラッセルが指摘していること、第二に、生物学的視点とフロイトの見地との関係において、親が自分の子に対して抱く感情は、親が他の人々に抱く感情とは異なる点である。ラッセルは「近親相姦の禁止」までは持ち出さなかったが、人間と動植物の間に断絶のないことや、「本能」の役割を重視したのである。

ラッセルは、精神分析の心理学を援用することによって、家族関係が不幸になる現状を説明して、家族が不安定な状況にあることに注目したのである。親子関係、夫婦関係においてなぜ愛情が欠けるようになっているかを詳細に分析して、幸福論において新しい視点を示したのである。これはアランにおいても同様であったが、キリスト教による愛情に期待したヒルティとは異なる主張であった。ラッセル自身は四度の結婚を経験していることから、家族の関係には特別の関心があったものと推察できるのである。

現代の日本においても家族の絆は弱くなっており、後の章での日本の幸福分析においても、家族に関することが、人々が自身の幸福感を表明するときに重要な論点となっていることが示される。例えば結婚したときに人々は高い幸福感を持つが、離婚したときには幸せになる人もいれば不幸になる人もいて、家族は不思議な現象を生んでいる。

子どもに関しても、男女が子どもを持ったときは非常に高い幸せを感じるが、子どもを失ったときは大変な不幸感を持つことがわかっている。これに関しては、ラッセルが興味深いことを指摘しており、子どもを失ったときの不幸度は極端に高く、これら極端な不幸（あるいは幸福）を考察することは幸福論になじまないとしている。そして幸福論の意義は日常的に発生する幸福や不幸の発生理由を探求して、それへの対処法を考えることにあるとして、極めて重大な幸福・不幸には踏み込まない、あるいは踏み込めないとしているのである。

第2章　経済成長は幸福感を高めるか

1　経済成長の歴史

(1)　なぜ西欧が成長したのか

幸福に関する哲学者の思想を概観したとき、そこで最初に登場したのは、ギリシャ・ローマの哲人達であった。ギリシャ・ローマは文明としては歴史に残る仕事をしたが、経済という点からするとさほど顕著な発展をしておらず、人々の生活はたとえ市民であっても貧しく、しかも奴隷が全人口の三〇～四〇％を占めるという歪な社会であった。

中世のヨーロッパにおいては、農業が主たる産業で、農民の生活は貧しい上に、封建領主からの搾取に苦しんでいた。自給自足の経済において、人々の経済生活の水準が向上することはほとんどなかったが、農業生産性のわずかばかりの成長により、多少の向上は見られた。注目すべきは、一一世紀から一三世紀のヨーロッパの一部（イタリアやスペイン）で商業を中心にした都市の発展が見られたことである。それが後の都市国家の繁栄につながり、アメリカ、アフリカ、アジアといったフロンティアの発見とその後の植民地競争の時代への源泉となる事実は忘れてはならない。とはいえ、中世ヨーロッパは、一四世紀のペスト大流行による人口の三分の二減少という事件が象徴的で、暗黒の時代と言われるようにほとんど経済成長はなかった。

しかし、一五世紀から一七世紀に入ると、二つの分野で新しい動きがヨーロッパで発生した。それは第一に、科学の分野で画期的な発見と理論が起こったことと、第二に、いわゆるルネッサンスと称される文芸復興で、ギリシャ・ローマ時代の古典文明を再興させる新しい芸術・文化を模索する運動が発生したことである。経済に関しては前者が重要で、一五四三年のコペルニクス(一四七三―一五四三)による『天体の回転について』、デカルト(一五九六―一六五〇)による一六三七年の『方法序説』と一六四四年の『哲学原理』、八七年のニュートンによる『自然哲学の数学的諸原理(プリンキピア)』などにより、科学の方法論をまったく新しい方向にそれこそ転回したのである。

この科学の発展が、後に産業革命の源泉となる新技術の発見と進歩につながるのである。例えば、ジョン・ケイによる飛梭《とびひ》やリチャード・アークライトの水力紡績機の発明、少し時間を経過してからジェームズ・ワットによる蒸気機関の改良、ジョージ・スティーブンソンによる蒸気機関車の開発などがあり、イギリスが世界に先駆けて産業革命を起こした原動力となったのである。すなわち、繊維・織物工業において蒸気機関を用いて生産性を高め、鉄道によって石炭や鉄鉱石の輸送を効率的に行える素地をイギリスに与えたのである。

これらの科学革命と新技術の開発がイギリスの工業を有利にした。すなわち経済成長がヨーロッパで最初に起こった理由である。イギリスに次いで時期は少し遅れるが、フランス、ドイツなども産業革命を成功させて、ヨーロッパ諸国が強い経済を保持するようになったのである。

世界においてヨーロッパがなぜ最初に強い経済(すなわち経済成長)を示すようになったかを説明するには、国家が軍事的そして政治的に強くなっていたことの効果を忘れてはならない。一五世紀以降の新大陸の発見によってヨーロッパ諸国はこれらの地域を植民地化し、重商主義的政策により、多額の貿易収支の黒字を蓄積し、国家の財政は強化された。しかもヨーロッパ域内において各国間の戦争は絶えなかったが、王国であったり民主国家であったりしても国家そのものは強くて、経済発展を後押ししたのであった。

(2)　経済学の発展

重商主義の時代、経済学は黎明期以前の段階であった。重商主義の次に出現したのが重工主義、重農主義である。経済学の進展に関しては、重農主義の経済思想が重要である。国家が貿易を含めた諸活動を保護・干渉する重商主義の姿を批判するのが重農主義である。それは、経済の根幹をなすのは商工業ではなく農業であり、農業のみが純生産物を生む産業であるとみなした。背景には、人が生きていくためには食料がもっとも基本である、との見方が影響している面もあるが、農業こそが産業の中心であるとみなしたことがある。有名なフランスのケネーは、「経済表」という表を用いて、経済循環の基礎は農業、あるいは土地にあると考えたのである。すなわち、農産物をつくる農業が人間社会における生産活動の根源にあるのだ、というのが重農主義の考え方である。

重商主義、重工主義が末期を迎えると、国家が自由を束縛して保護・干渉する重商主義や重工主義に抗して、また、ルイ一五世の暴政の下で戦争と王制のぜいたくによる大きな支出に嫌気がさして、自由な農業を農民にさせよ、という思想が重農主義の中心地フランスで勢力を強めた。「自由な農業を」は「レッセ・フェール」(自由放任主義)の思想につながったのであり、「規制のない自由な経済活動を」は重農主義にその起源を有するのである。橘木(二〇一二)はこのことを強調して、自由な経済活動を最初に奨励したのは必ずしもアダム・スミス(一七二三―九〇)の『国富論』ではないと主張した。

スミスの経済思想は、イギリス産業革命による工業の発展を念頭において自由な経済活動に価値を見出したのであるが、その発想はフランス重農主義から得たものである。スミスは、イギリス貴族の家庭教師として大陸に同行しフランスの思想家とも交流があったのである。ついでながら、スミスの経済思想においてもっとも価値が高いのは、資本主義においては「分業」がモノの生産方式とヒトの配置方式において効率性をもたらす、と主張したことと、政府の役割は小さいほどよい、と主張したことである。

ここでの関心である「幸福」に関してスミスの言説を紹介しておこう。一七七六年出版の『国富論』に先立つ五九年にスミスは『道徳感情論』を出版して、自由主義的な経済活動を行うに際して、市場参加者である取引者の道徳が正しくないと、市場はむしろ弊害を生む結果になることもある、と警鐘を鳴らしたことは有名である。

さらに、市場経済の中で自由な競争を行えば、勝者と敗者の出ることは避けられない。勝者と敗者の誕生は、世の中に高所得者と低所得者を生むことになるだろうし、社会的地位に関してもそれの高い人と低い人の両者を生むことは避けられない。このような状況の下では、幸運な人と不運な人、あるいは幸福な人とそうでない人を生むことがありうると言ってよい。このようなことをどう解釈したらよいのだろうか。橘木(二〇一二)はスミスの『道徳感情論』を援用しながら、次のようなことを指摘した。

人間の本性は自分の利益を考えることが当然のことながら中心となるが、同時に他人に関心をもつことも事実であり、他人の運・不運や幸・不幸を見ることによって何らかの感情をもつのが人間である。このような自分の感情と、実際に運・不運や幸・不幸に直面している他人のもつ感情とを比較する。

両者が一致すれば他人の感情は適切なものとして是認されるし、あまりにも異なるのであれば適切でないとして否認する。このように他人の感情の適切さを判断する心の作用を、スミスは「同感」(sympathy)と呼んだ。堂目(二〇〇八)はスミスによる「同感」を次のようにまとめる。

同感を考えることの価値は次のような論理で説明される。すなわち、自己に対して同感の作用を働かせることによって、各人は第三者の立場にいるような観察者となり、自己の感情や行為がその観察者から賞賛を受けるか、最低でも非難を浴びないようにしたいと努力することとなる。

しかし、人は生来自分を正当化しようとする性癖をもっているために、第三者による公平な観察者の声を無視する弱みがある。そこで人間社会は知恵を働かせて一般的諸規則(general rules)を設定し、それを守ることが義務であるという感覚を人々に持たせようとした。その一般的諸規則は法律になることがあり、法律を守ることが人の義務となるのであり、これによって社会秩序が維持できるとスミスは考えた。

スミスのいう同感は経済の話題にも適用される。人間にとっては悲哀よりも歓喜に同感したいと思うのは自然であろう。ただし他人の歓喜に対して、嫉妬(envy)の感情をもつことがあるのも人間なので、いつでも歓喜に同感するわけではないという反論はあるだろうが、第三者の立場にいる公平な観察者は嫉妬を抑制しようとする。その抑制に応じる感情も人にはあるので、全体で評価すれば人は悲哀よりも歓喜に同感すると言ってよい。

経済活動の結果として、既に述べたように人には富裕者と貧困者の双方が出現することは避けられない。社会的地位に関しても、それの高い人と低い人の両者がいることは事実である。富裕者と地位の高い人を競争の勝者、貧困者と地位の低い人を敗者と称した場合、勝者は歓喜を呼び起こし、敗者は悲哀を思い出させるだろう。『国富論』では市場経済での競争のもつ価値を賞賛しているので、勝者を讃《たた》えそうであるが、『道徳感情論』では勝者が必ずしも幸福とは限らないと主張している。

なぜスミスは、富裕者や高い地位の人は必ずしも幸福ではないと考えたのであろうか。次のような理由があげられる。

第一に、人が富や高い地位を求めるのは他人からの同感や賞賛を得たいためであるが、その動機をスミスは野心(ambition)と呼び、それは虚栄(vanity)に通じることがあると述べる。競争に勝つためには、それが虚栄とされようとも野心をもたねばならないわけで、これを全否定すれば競争には勝てない。

『国富論』において競争を賞賛するスミスの論理には、多少の無理があると言えないだろうか。あえてスミスの立場あるいは経歴から弁護すれば、『道徳感情論』を書いたころのスミスは道徳哲学者であり、『国富論』を書いた頃は経済学者になり切っていたと考えることで、矛盾の程度は少しは小さくなるかもしれない。

第二に、スミスは真の幸福は平静(tranquility)にあると考えたので、心が平静のときに人は幸福になるとした。富や高い地位を求める人は、常に競争に勝つために野心をもち続けてあくせくする必要があるので、心の平静を保つことは不可能である。したがって、こういう人は幸福ではないとスミスは判断したのである。

ただし、スミスは『道徳感情論』において、野心をもって勤労に励むことは経済発展につながるメリットがあるので好ましいことであるが、一歩間違えば不正に訴えて競争に勝とうとすることが人によっては起こりうると警鐘を鳴らしたのである。ここに『道徳感情論』のもつ価値があると筆者は判断している。

富や地位を求める野心は、経済発展をもたらすメリットになることもあるが、他方で社会の秩序を乱すデメリットにもなるとスミスは考えたのである。これは競争に打ち勝つための野心が、道徳心に欠ける人の不正行為を呼び起こすことにつながって、公正な社会にならないというデメリットである。

では、どのような野心が認められて、どのような野心が認められないのだろうか、というのが次の関心事となる。これに関してスミスは、野心と競争の目標の達成には「徳への道」と「財産への道」の二つが存在するとして、前者は見えにくく後者は見えやすいと考えた。したがって、賢者は見えにくい徳への道を選び、弱い人は見えやすい財産への道を選ぶ傾向があるとした。

普通の人はどうかと言えば、両方の道が存在することをわかってはいるが、見えやすい富や地位という財産への道を世間が評価するので、多くの人が財産への道を歩むことになるのである。やさしい言葉を用いれば、世間の多くの人は道徳の重要性は心の中ではわかっているが、実際には富や地位を求める道を選ぶのである。

以上が、スミスの『道徳感情論』と『国富論』の両者を考慮しながら、市場経済における勝者と敗者の幸福・不幸をどう考えたらよいか、という筆者による解釈である。

(3) マルサスの人口論とミルの定常経済

経済成長の話題となれば、経済学史上に登場する重要な経済学者はトマス・マルサス(一七六六—一八三四)である。マルサスは人口論の立場から、人口抑制策がなければ人口は幾何級数的に増加するのに対して、生活資料(食料)は算術級数的にしか増加しないのであるから、そのままであれば人口過剰と食料不足が深刻になると考えたのである。そこでマルサスは避妊法などの奨励によって、出生率を抑える政策の必要性を説いたのである。

マルサスの経済思想を経済成長と関係させれば、次のようになる。すなわち所得の成長率というのはほんの微々たるものにすぎない、ということを意味している。現にグレゴリー・クラーク（Clark 2007＝2009）によると、紀元前一八八〇〜一六〇〇年のバビロンにおける日雇い労働者の給料は麦で評価すると七・五キログラムだった。それが古代アテネの時代では一三キログラムに上昇したが、一七八〇年代のイギリスでは六・五キログラムに下落したということなので、超長期間にほとんど変動していないのは確実である。確かに外国から他の食品（砂糖、茶、コーヒー、じゃがいも、トマトなど）を輸入していたので、麦だけで経済、あるいは生活水準を語るのはやや一方的ではある。とはいえ、欧米では麦が主要農産物なので、農業生産物で評価する限り、超長期間にわたって農業生産性は成長していないのであり、すなわち所得の成長率も微量であるということは、それほど不自然な結論ではない。

マルサスのいう農業生産性の増加率が微量ということがクラークによって確認されたのであるから、農業生産を増加させるには新しい土地の開墾に頼らざるをえないことになる。土地の開墾の速度には限度のあることは自明なことなので、農業生産の増加にも制約のあることも、マルサスの言う通りなのである。

スミス、リカード（一七七二—一八二三）などによる古典派経済学は生産のために必要な生産要素として、労働、資本、土地の三者を考えて経済理論を打ち出したのであるが、マルサスの言う通り土地の成長には強い制約がかかることに注目して、生産量の増加にも制約のかかることをJ・S・ミル(一八〇六―七三)は深刻に受けとめて、定常状態という概念を新しく提案した。彼は、生産物を生み出すという産出活動にあたって、投入要素が増加しないのであれば、生産物の増加はない、という主張をしたのであった。例えば土地の増加率がゼロであれば、生産物の増加率もゼロとなる、ということを言っているのである。

定常状態というのは、生産物の成長率が正でもなければ負でもない、というゼロ成長率を意味すると考えてよい。もしくは、一国の経済成長率がゼロであるという意味に解してもよい。J・S・ミルは資源成長率の制約(それは土地でも資本でも労働力でもよい)がある世界にあっては、定常状態にならざるをえないし、その状態がむしろ望ましいと考えたのであった。なぜ望ましいかといえば、一つの資源に制約があるときに経済成長をするためには、他の資源を過剰に投入するかそれとも技術進歩率を非常に高い正の率にせねばならないが、現実の経済においては他の資源を大量に投入しても、生産に寄与することなくムダな投入になることが多いし、非常に高い正の技術進歩率も不自然だからである。

現代の経済に即して定常状態を再評価してみよう。世界における石油などの枯渇による資源の制約、日本のような出生率の低下による労働力不足、などの資源の制約があれば経済成長率は正とならず負にならざるをえないことがある。あるいは環境問題が深刻で負の外部経済の存在があれば、負の経済成長率をもたらすこととなる。負の経済成長率は生活水準の低下を意味するので、人々からは好まれないだろうと予想されるため、あらゆる政策を動員して、経済成長率のマイナスは避けてせめてゼロ、すなわち定常状態にもっていくことが好ましいと考えられる。もっとも負の経済成長率でもかまわないということが社会で合意されているのであれば、必ずしもゼロ成長率ではなく負の成長率でもかまわない。

以上、トマス・マルサスとJ・S・ミルの経済思想から言えることをまとめると、土地、人口、天然資源の制約によって経済成長率が低下することは避けられないことが現実に発生しうるので、ゼロ成長率という定常経済が好ましいとする経済思想には一定の説得力はある。なぜならば、経済成長率を正にするには、強硬な政策に頼らねばならないことがあるし、それには人に苦痛を与える副次効果をもたらす可能性があるからによる。しかし、人間の欲望には際限がないし、すべての人に職とある程度の所得を確保するためには、経済成長率は正でないといけない、と主張する学説にも強い支持がある。一方で「脱成長」を強力に主張する学派もいる。そこで次節では、成長賛美派と脱成長派について議論しておこう。

2　成長賛美派と脱成長派

(1)　経済成長論の台頭

古典派、新古典派の経済学は経済成長に関心を寄せることはなかった。むしろ、既に述べたマルサスやミルの経済思想で代表されるように、成長のない定常状態の考え方が有力だったので、経済成長にまで論議が拡大することはなかったのである。

ところが第二次世界大戦の前、イギリスなどで不況が深刻だった頃にケインズ経済学が登場し、その後「ケインズ革命」と称されるほどの影響を経済学の世界に及ぼした(これに関しては例えば橘木(二〇一二)参照)。経済成長ということを考えれば、ケインズ(一八八三―一九四六)に続く学派の人々が大きな貢献をしたことを特筆しておこう。それは今日では「ハロッド＝ドーマー成長理論」と称されるものであり、マクロ経済学の枠内で一国の経済成長率がどのように説明されるかを提示している、ケインズ・マクロ理論の動学化と呼んでよい理論であった。

「ハロッド＝ドーマーの成長論」の具体的な内容に関しては経済学の教科書に譲り、ここではなぜ成長論が台頭してきたかを考えておこう。そもそも不況克服の経済学として登場したケインズ経済学であるが、その経済政策が第二次大戦後になって成功したことにより、世界経済は稀にみる好況となった。しかも戦後復興という目的がうまく成功・進行し、米ソの冷戦という影はあり、朝鮮戦争、ベトナム戦争などの地域紛争はあったが、少なくとも欧米諸国では平和の時代が続いて経済成長率も高くなった。戦後の三〇年間ほどは欧米経済が繁栄を極めたのである。こういう状況であれば、経済学者の関心が経済成長の発生原因やその経済効果の解明に向かったのは自然なことであった。

(2) 新古典派成長論の隆盛

経済成長論のピークは、もともとケインズ経済学に批判的だった新古典派が成長論に関心を持つよ

うになったことで到来した。新古典派生産関数

$Y=F(K, L, t)$　（Yは生産量、Kは資本、Lは労働、tは技術）

の下で、dY/Yが成長率となることで、数学的に経済成長が説明されることとなった。ここでは生産要素として資本と労働だけが考慮されており、土地の成長は制約があることからマルサスやミルと同様に除外されていることに注目してほしい。経済成長は資本の成長(dK/K)と労働の成長(dL/L)、技術進歩(dt/t)の合計で説明される世界である。新古典派経済成長論においてはロバート・ソローが画期的な貢献をして、後にノーベル経済学賞を受賞した。やや余談を述べれば、ソローは経済理論家としては新古典派モデルを援用して画期的な論文を書いたが、経済思想や経済政策に関してはケインズ派ないしリベラル派に近い主張をしたので、やや二律背反的な側面がある。

新古典派による経済成長論は、物財市場と資本・労働の生産要素市場が完全競争の世界にあって、価格・利子・賃金が伸縮的に動くことを念頭においたので、市場原理主義に忠実である。このような完全競争の世界は現実に存在しているとは言い難いし、ケインズ派の重視した需要の効果に注意を払っていないという難点がある。供給が需要を生む、いわゆる「セーの世界」(セー(一七六七―一八三二)はフランスの経済学者)に近いのである。しかし、わかりやすいモデルで経済成長をうまく説明したという意味では、大きな貢献であったことには違いはない。

新古典派成長理論は、一九五〇、六〇、七〇年代を中心にして、近代経済学の研究分野としては花形の分野であった。経済学に数学が広範囲に用いられる時代であったことと重なって、経済成長論が数

理経済学として数々の研究成果を生んだのであった。経済成長論を勉強しないのなら、経済学を研究していない、とみなされるほどの雰囲気があったし、高い経済成長率を目標とすることに関しての違和感はなかったのである。特にこのことは日本において顕著であった。一九五〇年代後半から七三年まで、日本経済は高度経済成長期にあったので、現実の経済の動向と経済学者との間に、成長という一体感が存在していたのである。日本のみならず、フランスにおいても『栄光の三〇年間』という書物がフーラスティエによって七九年に出版されたほどなので(Fourastié 1979)、戦後三〇年間はフランスも高度成長の時期だったことがわかる。

(3) 高成長経済への疑問

高成長賛美派が勢力を持っている間にも、世界経済には静かながらも地殻変動が起こっていた。成長経済は天然資源を多く使用することから、石油を筆頭として石炭、鉄鉱石、水などの資源が枯渇するのではないか、そして経済成長を続けるのは不可能ではないか、ということが一部の専門家の間で予測されるようになった。それの結実が、一九七二年の「ローマ・クラブ」による報告書であり、経済成長を続ければ地球全体が資源不足と環境破壊に陥るという警鐘とともに、経済成長率をゼロ%にすべき、という有名な主張が世に問われた。現にこの警告は現実のものとなり、翌年の七三年に発生した第四次中東戦争を契機にして石油価格が四倍に高騰することとなり、世界の先進国における成長経済は突如として終焉に至ったのである。

この先進国の成長経済に関して、コーエン(Cohen 2009＝2013)は興味ある指摘をしている。すなわち、それぞれの国は戦後のアメリカ経済の繁栄に追いつこうとして成長経済を目指したのであるが、それが決して長続きしないことは各国の例で示される。例えばフランスであれば、フーラスティエの言うように高成長ではない中成長経済は三〇年間で終了するし、日本であれば高度成長経済が続いたのはせいぜい一五年間ほどであることから、アメリカに追いつくのは困難だったのである。

これに関して筆者が主張したいことは、人間はある程度豊かになり、経済生活からの幸福感を達成すると、勤労以外のことから「幸せ」を求めようとするようになるということである。このことについて橘木(二〇一三)は具体的な事実を示した。それと同時に、ガムシャラに働いて高い所得を得ることとの満足感もそう増加しないことから、勤労意欲の低下と労働時間の減少ということを経験することになる。成長経済の終焉はこれら労働者側の要因の発生によっても、もたらされた側面がある。この事実は日本以外の多くの先進国が経験したことである。しかし唯一の例外はアメリカである。未だに先進国の中では長い労働時間を誇る国であるのは、アメリカというとてつもない競争社会にあって高い生活水準をどこまでも求める国民のなせるところである。

(4) 環境問題の深刻さ

「ローマ・クラブ」の報告書では、地球環境問題が深刻になっているので、経済成長率を抑制すべしとの主張がなされたが、物理学や経済学ではこのことが科学的に証明されるようになった。代表的な論者は、ルーマニア生まれで、数学、統計学、経済学を学んだニコラス・ジョージェスク＝レーゲン（一九〇六―九四）である。彼は、熱力学の第二法則を援用して、エントロピーの法則論を打ち出した。生産という活動は物質やエネルギーを利用して有用物を生み出し、それを消費活動にまわしてその有用性は失われる。しかし一般的な物理学におけるエントロピーとは異なるが、ここでの「エントロピーの法則」は物質の質量は消費しても消滅せず、形態を変えて非有用物となってどこかに残っているとみなす。これまでの新古典派経済学は、エントロピー、すなわちエネルギーと物質の変化の不可逆性を無視してきた、と言ってよいのである。具体的には、生産活動によって生み出されたゴミや汚染物の処理を無視してきた、ということになる。これらゴミや汚染物は地球環境を悪化させ、生態系を破壊し、人類の生命維持にまで危険をもたらすことになるのである。

地球環境の悪化は、生産活動の結果生まれる二酸化炭素の排出による気候温暖化、森林の枯渇、水や空気の汚染、大地の砂漠化、南極・北極の氷解による海水面の上昇など、様々な分野で深刻となり、これ以上の経済活動の継続は人間社会にとって有害になるということが、環境問題の専門家によって主張されるようになった。資源・環境問題の専門家は、資源制約の問題への対処と環境悪化への対策として、「持続可能な経済」にする必要があると主張しているが、これは「定常型経済」と概念は似ていると理解してよい。

環境経済学において定番となっているハーマン・デイリーの教科書『持続可能な発展の経済学』(Daly 1996＝2005)では、次の三つを持続可能な経済にするための基本原理として主張している。

第一に、土壌、水、風、森林などの再生可能な資源に関しては、その利用速度は再生速度を超えてはならない。

第二に、石炭、石油などの化石燃料、良質鉱石などの再生不可能な資源の利用速度は、再生可能な資源を持続可能なペースで利用することで代用できる程度を上回ってはいけない。

第三に、汚染物質の持続可能な排出速度は、環境がその物質を循環したり吸収したりして、無害化できる速度を超えてはならない。

以上のような資源・環境に関する政策提言が実行されるためには、経済活動の規模を拡大しないこと、すなわち経済成長を求めないことが有効な手段となるので、定常状態の経済にすることが期待されることとなる。二〇〇〇年程前にマルサスやミルの考えた定常経済の概念が、現代における資源制約と環境悪化の下において適用可能ということになり、古い経済思想が現代に再び蘇ったと考えてもよい。

(5)　脱成長の経済倫理学

資源・環境の視点から定常経済が主張されたと同時に、倫理的な側面からも成長経済が批判されるようになった。これを「脱成長経済」と命名して、経済中心主義、生産中心主義、消費中心主義で代表される経済のあり方に批判を重ねたのが、フランスやイタリアなどのラテン系経済学者である。例えば、セルジュ・ラトゥーシュ(Latouche 2010＝2013)、アルノー・ベルトゥー、ルイギーノ・ブルーニなどである。アングロ・アメリカ諸国によって代表される現代の経済成長賛美派に対して、ラテン諸国から脱成長派が登場しているのは、単に民族の違いから発生するものではなく、地政学、地理学的な側面もあるように思えるのは、筆者だけの素朴な印象にすぎないのだろうか。もっとも、前述のマルサスとミルはアングロ・サクソンの経済学者であったが。

脱成長論を主張する人々は、経済成長を優先すれば競争が激化することは避けられず、勝者と敗者の区別が明確となって、少数の勝者は経済的に豊かになり、それによって「幸せ」を感じる人はそれでよいかもしれないが、多数の敗者は経済的に貧困であるだけでなく、不安、嫉妬、羨望という心理の中にいることになるので、「不幸」になる可能性が高いと述べる。少数の「幸せ」にいる人のために経済成長を念頭においた経済学を考えるのは倫理に反する、と主張しているのがラトゥーシュである。

しかし、多数の「不幸」にいる人も「幸せ」になることのできるような「贈与の世界」が導入されるのなら、ラトゥーシュも好ましいことであると述べている。贈与の世界とは、相互扶助、分かち合い、友愛といった精神によって、勝者(富裕者)から敗者(貧困者)に対して手を差し伸べて、富や所得の再分配が実行される世界ということなので、あながち成長経済も「悪」とは決められない。

とはいえ現実の世界で「贈与」が実行されるかといえば、必ずしもすべての国でそのようなことは人間の利己主義性から達成されえない。であるのなら、成長経済を求めずに、勝者、敗者をも生まないような生産至上主義に走らない脱成長の方がマシである、という発想もありうる。むしろ成長しないことによって、多くの人がそこそこの所得を稼いで、そこそこの消費生活に満足する経済を保持することが望ましいと考えるのである。このような経済思想は、経済至上主義から離れた世界を理想とする倫理であるとみなして、脱成長論は一つの経済倫理学を示したものと理解してよいだろう。

この経済倫理学を具体的に述べた例として、アルノー・ベルトゥーは「お金に支配されている経済は唯一の経済ではなく、真の人間的な経済を構築するものではない」(Latouche 2010＝2013、九五頁)と書いたし、ルイギーノ・ブルーニは「自由に選択されたある種の貧しさ(不足の状態)なくして幸せは存在しないということをわたしは確信したのだ。この貧しさは神の祝福と結びつく痛みである」(同前、一〇二頁)と書いた。前者はお金持ちになっても人間は幸せになれない、と主張していると解釈できるし、後者は貧しくとも簡素な生活ということで人間は幸せになれる、と主張していると解釈できる。

最後に、「脱学校論」の提唱者として知られるイヴァン・イリイチ(一九二六―二〇〇二)も脱成長論の仲間に入れることができるので、彼のことを少し述べておこう。イリイチの思想は「逆生産性」という言葉で代表される。すなわち、制度は初期の段階にあっては効果を発揮するが、一定の水準に達するとむしろ逆効果を生むようになる、というものである。教育を例にすれば、学校制度が成立した初期の頃は、学びたい生徒の自主性と教えたい教師の気持ちがうまくかみ合って、学校教育はうまく機能する。ところが学校制度が成熟してくると、教える側が強くなって教えようとする傾向が台頭するので、生徒からすると、「教えられ、学ばされる」という関係になり、「自ら学ぶ」ということが消滅してしまう、とイリイチは憂えた。そうであるなら学校制度をやめて、内発的に自らが学ぶということが可能な制度にすべしということが「脱学校論」の骨子である。

「逆生産性」を経済成長と関係づけると次のようになる。経済成長を追求する様々のプロジェクトは、それを推し進めるとこれまで述べてきた資源や環境の問題が発生する結果、逆効果が強くなって人々は困窮化の道に歩まざるをえなくなる、とイリイチは考えたのである。従って経済成長を求めるよりも、脱成長路線を歩む策の方がかえって人々を「幸せ」にする、という結論が得られるのである。

第3章　お金があるほど幸福か

1　所得と幸福感をめぐるパラドクス

第2章では社会レベルの視点で経済的豊かさと幸福感について整理してきた。本章では、個人レベルの視点で経済的豊かさと幸福感について整理する。具体的には、人々にとって自分の所得が上がることは本当に幸せなことだけなのか、所得が上がることでかえって幸せを感じにくくなることはないだろうか、という点をみていく。

幸福について考えるとき、「もっと豊かになればもっと幸福になれるのに」あるいは、「もっとお金があれば幸福になれるのに」と思ったことはないだろうか。私たちはしばしば、経済的豊かさと幸福感とに強い関連がみられると思うだろう。その一方で、こうも思われるかもしれない――「お金があるからといって幸福であるとは限らない」と。

これに関して、実は学術研究においても、経済的に豊かでも幸福感が高いわけではないことには大きな関心が払われてきた(白石・白石 二〇一〇)。もっとも古典的なものとして、イースタリンによる幸福のパラドクスの指摘がある(Easterlin 1974)。イースタリンは所得分析を行った経済学者であるが、国際比較分析を行って次のような有名な説を主張した。すなわち、国の所得水準が上昇しても必ずしも人々の平均的な幸福感は上がらないという幸福のパラドクスの存在である。また日本では、古市(二〇一一)が幸福感と世代との関係を分析し、若者ほど経済状況が悪化しているにもかかわらず、生活満足度が高いというパラドクスを指摘した。

このような幸福のパラドクスのメカニズムとして、「準拠集団の理論」を用いた説明がなされてきた(白石・白石 二〇一〇、石田 二〇一四など)。準拠集団とは、自分が置かれた状況を比較するときに、比較の対象となる集団や人である(Merton 1949＝1961、二一四頁)。豊かさを例にたとえるならば、人々は自身が豊かかどうかは、絶対的な豊かさだけではなく、周囲の人や目標とする人との比較による相対的な豊かさからも判断しているという。この比較の際に基準となる対象を準拠集団と呼ぶ。

しかしながら、準拠集団の理論にもとづいた実証研究はそれほど行われていない(例外として浜田 二〇〇一、石田 二〇一四、飯田 二〇〇九、二〇一一、前田・仲・石田 二〇一三、前田 二〇一四)。そこで本章では、第2節で近年の研究のレビューを行い、課題を整理する。そして、第3節・第4節で課題の検証を行い、第5節で結果についての考察を行う。

2　準拠集団理論と幸福感研究

ここで、準拠集団と幸福感との関係についての議論を詳しくみていこう。まずは、準拠集団の理論に関する古典で、社会学者として有名なマートンの研究に依りながら説明をしよう(Merton 1949＝1961)。先ほど述べたように、準拠集団とは自己評価の基準となる比較集団のことを意味する。準拠集団には、職場、地域、年齢、同級生、家族など自分が現に所属している集団が該当することも多い。だが、準拠集団の理論が興味深いのは、所属集団でないものも準拠集団として扱うことがある点である。たとえば、過去に所属した集団や、将来所属したい集団、さらに、テレビなどのマスコミを介して知った集団など、現在の所属集団でないものが比較の基準、そして準拠集団となることがある。

この準拠集団は、満足感や不公平感を高めたり低めたりする影響をもつことが指摘されてきた(Merton 1949＝1961)。たとえば、準拠集団と比較して、自分が悪い条件にあるときは不満を抱きやすく、自分がよい条件にあるときは満足しやすい、というわけである。ここで、マートンが取り挙げたアメリカ兵の事例を紹介しておこう。この事例で紹介されるアメリカ兵には、彼らが所属する部隊として昇進率の高い航空隊と昇進率の低い憲兵隊があった。そして、それぞれの部隊に所属する兵の満足度を測定したところ、昇進率の高い航空隊で不満をもつ兵の割合が高く、昇進率の低い憲兵隊では不満をもつ兵の割合が少なかったという。客観的にみれば、昇進率の低い憲兵隊で不満が多く、昇進率の高い航空隊で満足度が高そうであるが、実際には逆の結果になったのである。その理由は、昇進率の高い航空隊では昇進できるという気持ちが強く現状に満足していないのに対して、昇進率の低い憲兵隊でははじめから昇進すると思っておらず現状に満足しているからであった。つまり、基準の高い準拠集団を設定し現実とのギャップがみられるときには不満をもちやすく、基準の低い準拠集団を設定し現実とのギャップがみられないときには満足しやすいのである。この例は、本人が準拠集団をどう設定するかが、幸福感と関連をもつことを示唆している。

では、現代の日本では、準拠集団と幸福感の関連はどのように理解されているのだろうか。ここで実際に行われた調査研究を紹介しよう。まず、経済的豊かさに関する準拠集団がどのように設定されているかをみていこう(飯田 二〇〇九、二〇一一、前田・仲・石田 二〇一三、前田 二〇一四)。この研究の先駆けとなった飯田(二〇一一)では、インターネット調査を実施し、自分の所得に満足しているかどうかを考える際、だれを比較対象としているかを、選択式で回答してもらった。すると、比較の対象には「勤め先での知り合い」がもっとも多く、次いで「学生時代の同級生」が多く選択された。また、前田・仲・石田(二〇一三)や前田(二〇一四)もインターネット調査を実施し、自分の所得を比較する際にどのような基準で他の人を選ぶかを尋ねた。すると、トートロジー(同じ言葉)ともいえるが「年収」がもっとも多く、次いで「仕事」「年齢」であったという。これらをまとめると、所得そのものや、所得の源泉である仕事や、さらに仕事とも関連する年齢や出身校(同級生)が比較の対象となりやすいといえるだろう。

次に、準拠集団と幸福感の関連についての研究を確認しよう。石田(二〇一四)は大規模調査を利用した分析を行った。それによると、絶対額で測定される世帯収入よりも、年齢や都市規模を考慮した集団において相対的に位置づけられる世帯収入が生活満足度に対して強い影響をもつという。石田

(二〇一四)の研究は、所属集団における相対的位置を測定していることから、主観的な準拠集団ではなく客観的に測定される準拠集団が幸福感と密接な関連があることを示しているといえるだろう。

以上の研究をまとめると、自分の所得に関係する準拠集団には、ある意味で当然であるが所得と関係するもの(所得そのもの、仕事、年齢など)が選ばれやすく、そして、準拠集団の所得が高いと自己の幸福感が下がることが示唆されている。しかしながら、この結論を得るには検討すべき課題がある。第一に、準拠集団と想定される対象として、これまで非所属集団が十分に検討されていないという点である。たとえば、準拠集団と生活満足度の関連を検討した石田(二〇一四)は、準拠集団としての所属集団のなかでの自分の位置に着目したものであった。だが、飯田(二〇一一)が指摘するように、実際の調査分析からの結果としても、準拠集団として非所属集団の存在は無視できないという。そのため、準拠集団となる非所属集団についても分析で考慮することは適当であろう。第二に、所得と幸福感との関連において、準拠集団によって所得が下がることがどの程度の効果をもつのか明確ではない。その理由としては、所得に対する準拠集団を明らかにするための調査研究と、準拠集団と幸福感(生活満足度)の関連を明らかにするための調査研究とが別々に行われてきたことが挙げられる。そのため、この二つの課題について同時に取り組むことが望ましいといえるだろう。

以上から、本章では、本人所得が高くても幸福感が下がるメカニズムについて、多様な準拠集団に着目して検討することを目的に研究を行う。具体的には、図3-1のように二つの分析を行う。第一に、本人所得と準拠集団の所得との関連を明らかにする。第二に、準拠集団の所得が幸福感に与える影響を明らかにする。その際、本人所得の上昇が幸福感を下げる効果に着目して分析する。

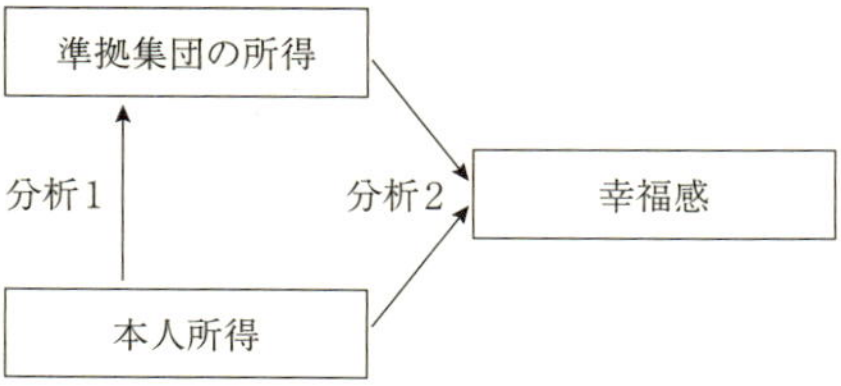

図3–1　準拠集団を媒介とした幸福感の分析モデル

3　準拠集団に注目した分析をするには

(1)　インターネット調査

分析に用いるのは、二〇一二年に実施されたインターネット調査（橘木俊詔科研調査、巻末の「付録」参照）である。この調査は、インターネット調査会社の登録モニターに対して二〇一〇年（第一波調査）、一一年（第二波調査）、一二年（第三波調査）の三回にわたり実施されたパネル調査であり、第一波調査では回答者数一万名を目標とした。第二波、第三波調査では、各前回調査の回答者数のうち八割の回答者数を得ることを目標として設定し、目標に達すると回答を締め切った。本章で用いるのは、準拠集団についての新たな質問を加えた第三波の一二年調査のみで、回答者六四九一名である。このうち本章で用いる変数に欠損のない三六〇三名の回答を分析に用いた。

(2)　幸福感と関連する変数

分析に用いる変数の詳細は章末の表3–6を参照されたい。

従属変数である幸福感は、普段どのくらい幸福を感じているかを、〇～一〇点で回答してもらった。平均値は六・九（標準偏差一・九八）であるが、どのような回答をしているかの分布を確認すると八点と六点で二つのピークをもつような二山型となる（図は省略）。それなりに高い幸福を感じている者は八点前後を、大きな不幸もないが大きな幸福も感じない中間的な者は六点前後を回答しやすいと解釈できそうである。

次に、もう一つの従属変数となる準拠集団の所得の測定について整理しておこう。先行研究によれば、準拠集団を特定するには二つの方法がある。第一は、準拠集団のどの特性なのか、すなわち「どの側面か」（前田・仲・石田 二〇一三、前田 二〇一四）に着目して準拠集団を測定する方法である。たとえば、自分の所得を比較する際に、他者の「年齢」「年収」「性別」「仕事」「学歴」「住んでいる地域」「その他」のどの側面を重視するかを尋ね、準拠集団を把握する試みがなされてきた。しかしこの方法では、準拠集団となる人や集団の所得がどのくらいかを尋ねようとすると、具体的な対象を想定できず、回答が曖昧になるおそれがある。これに対して、もうひとつの測定の方法として、比較対象として特定する人、すなわち「誰か」（飯田 二〇〇九、二〇一一）に着目して準拠集団を測定する方法がある。こちらの方法では、準拠集団を具体的に特定できるというメリットがあり、本章ではこちらを利用する。

それでは、準拠集団の具体的な測定の方法をここで整理しておこう。「誰か」に着目して準拠集団を測定する方法を用いた飯田（二〇一一）では、自分の所得を比較する人を、「近所に住んでいる人」

「学生時代の同級生」「子どもの同級生の家庭」「親戚・親族」「勤め先での知り合い」「その他」から選択してもらう方法で準拠集団を測定している。このように、「誰か」を対象として示すことで、具体的な準拠集団を測定することができそうである。そこで本章でもこれを参考とし、まずは準拠集団を特定してもらい、その準拠集団がどのくらいの収入を得ているかを尋ねる。

その上で、本章では準拠集団の対象として新たに三つのものを設定したい。第一は、漠然と「ふつうの人」と考えている比較対象である。本章では、まずは準拠集団として「誰か」を特定してから所得を尋ねる方法を用いるのだが、だれ、というわけではなく漠然と「ふつうの人」を想定する場合もあるだろう。そうした、特定できないが準拠集団となるものとして、同一の社会に暮らしている者を対象として採用する。ただし、後述する通り、調査では適当な変数がなく、「平均的な日本人」という回答項目を代替する。

第二は、自分とは接点のない非所属集団についても質問し、準拠集団として想定してよいかどうかを考察する。準拠集団の古典的な理論では、人は、まったく知らない人に憧れ、準拠集団として設定する現象があると指摘されている(Merton 1949＝1961)。だが、これまでの研究では非所属集団についての想定は十分にされていなかったため(たとえば、飯田 二〇一二)、今回の分析ではこれについても考慮する。現代における情報伝達の方法を鑑み、「テレビ、新聞、インターネット、書籍などで知った人」を対象とする。

第三は、自己に関連する要素を質問し、準拠集団として取り込む。というのも準拠集団の設定において、自己評価も関連があるからである。たとえばアメリカ兵の例では、これまでの経歴や今後の予想があることと、何を具体的な準拠集団とするかとの間には関連があることが紹介されていた（Merton 1949＝1961）。つまり、現時点の自己評価だけではなく、理想の自分や、過去や未来に関係する自分を考慮していくことは有用である。実際、心理学では、理想の自分や、時間軸を考慮する自己評価の重要性が指摘されている（高田 一九九三、一九九五、水間 一九九八、都筑 一九九三、日潟・齊藤 二〇〇七）。まとめると、本章では、理想の自分として「本来あるべき自分」、「過去の自分」、「未来に予想される自分」を検討項目としていく。

以上、準拠集団の所得を測定する上で、まずは準拠集団を特定してもらい、その準拠集団がどのくらいの収入を得ているかを尋ねる。その準拠集団としては、すでに先行研究で着目された、「職場の同僚や知人」、「学生時代の同級生」、「親戚・親族」、「近所の人」に加え、「テレビ、新聞、インターネット、書籍などで知った人」、「本来あるべき自分」、「過去の自分」、「未来に予想される自分」、「平均的な日本人」についても検討の対象とする。

そのほか、独立変数として、性別、年齢、婚姻状態、子ども、職業、働き方、企業規模、学歴、本人所得（勤労所得）を用いた。

（3）重回帰分析

まずは、準拠集団の特徴について記述統計を中心に確認し、準拠集団をどの程度の所得とみているかを本人所得とも照らし合わせて確認する。次に、準拠集団の所得がどのように規定されているかを、本人所得に注目して重回帰分析(章末の注を参照)から明らかにする。そして、その準拠集団の所得が、幸福感に対してどのように影響するかを重回帰分析から明らかにする。

4　所得が高いと幸福感が下がるのか

(1)　準拠集団の特徴

それでは、自分の所得を評価する際の準拠集団をどのように設定しているかを図3-2から確認しよう。質問には「あなたが今の所得が高いか低いかを評価するときに、もっとも比較しやすい対象はどれですか」を用いた。回答割合は、「過去の自分」が二七・二%ともっとも多く、「平均的な日本人」が二五・〇%、「職場の同僚や知人」が一八・〇%となった。ここで「平均的な日本人」という回答項目を、日本に住んでいる場合に漠然と「ふつう」とみなす対象として用いたい。もちろん、日本には日本国籍を有していない人や、有していても異なるエスニシティ(宗教や言語などの文化的特性)を持っている人もいるため、「平均的な日本人」という項目では、日本に住む人を指す用語としては正確ではないだろう。ただ、日本では「日本人」がマジョリティを占めていることから、比較の対象として用いることには一定の価値があると考えられる。また、「本来あるべき自分」(一一・九%)や「学生時代の同級生」(一〇・二%)の回答もみられた。「過去の自分」(二七・二%)、「平均的な日本人」(二五・〇%)な

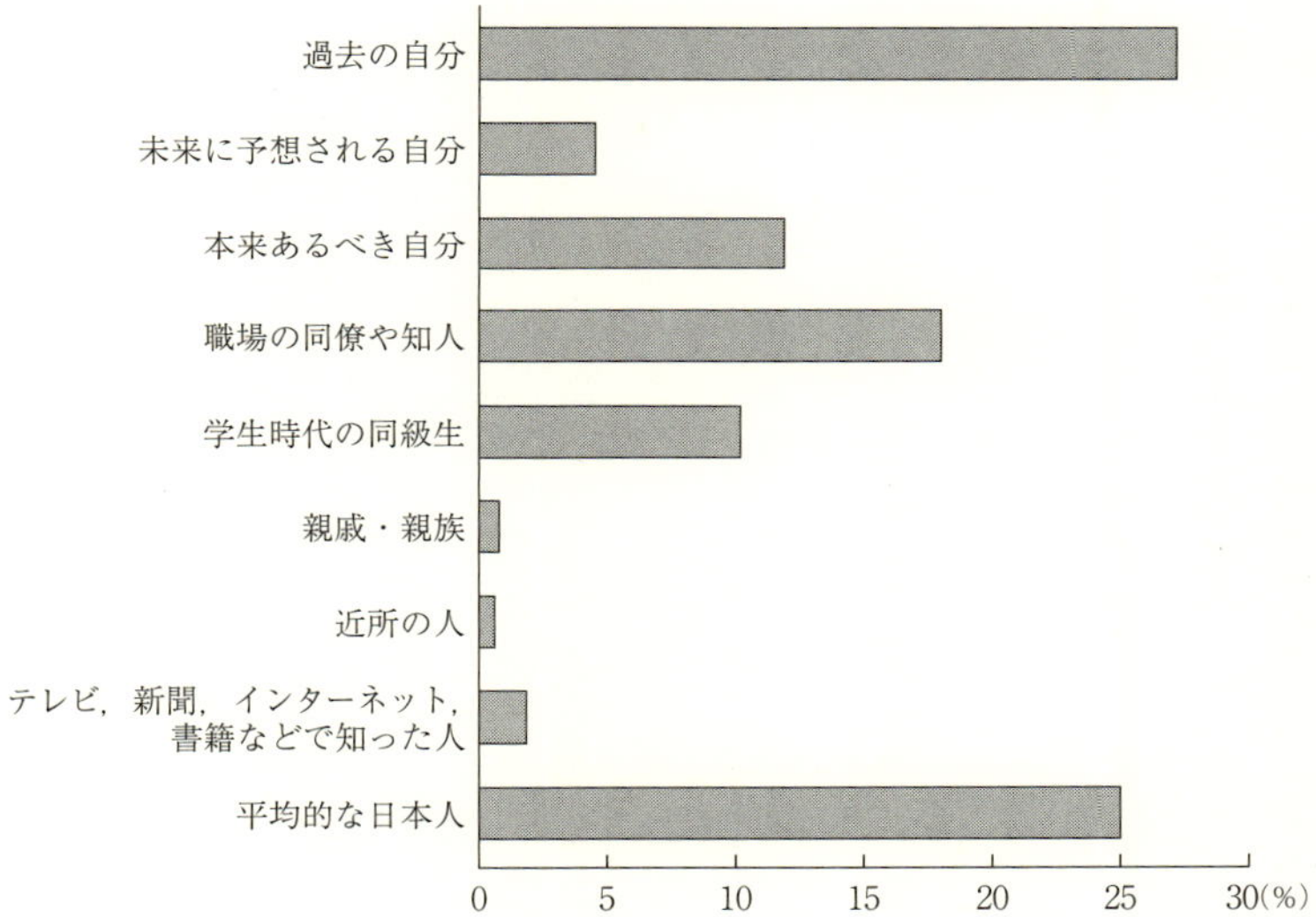

出所）「橘木俊詔科研調査 2012」．以下，表 3-1～表 3-6 も同じ．

図 3-2　もっとも比較する対象(準拠集団)(N=3,603)

ど、自己に直接かかわるものや、イメージにもとづく他者が重要な比較対象となっていることが示されている。これまでの研究ではあまり扱われてこなかった自己や、自分とは接点のない非所属集団を新しく項目に入れることで得られた興味深い結果である。

その上で、準拠集団の所得として、選択してもらった準拠集団がどれくらいの所得と思うかを尋ねた。表3-1には、準拠集団の所得を示した。「テレビ、新聞、インターネット、書籍などで知った人」をもっともよく比較する対象と選んだ人は一・八％(六六人)と少ないが、得ていると予測する所得は六二九万円でもっとも高い。これは、「テレビ、新聞、インターネット、書籍などで知った人」

は、とくに優れた業績を上げた人や、高所得の人として登場していることを示唆する。直接の知り合いではないケースが多いと予想され、憧れとしての準拠集団といえるだろう。

次に、表3-2では本人所得別に準拠集団の所得をクロス表で示した。左上から右下に伸びる対角セルが、本人所得と準拠集団の所得が同程度であることを意味する。右上の領域は本人所得より準拠集団の所得が高いことを、左下の領域は自分の所得のほうが準拠集団の所得より高いことを示している。この傾向をまとめたものが表3-3となる。本人所得より準拠集団の所得のほうが高い人は五七・八%、本人所得と準拠集団の所得が同程度である人は二六・八%、本人所得のほうが高い人は一五・四%となった。この点と関連するものとして章末表(表3-6)を確認すると、本人所得の平均値は三八六・二万円(標準偏差二八〇・九)であるのに対して、準拠集団の所得の平均値は四六五・五万円(標準偏差二一八・七)となり、やはり本人所得よりも準拠集団の所得が高いことがわかる。飯田(二〇一二)で示された通り、人々は、自分と同じくらいか自分よりやや高い所得の人を準拠集団とみなしていることがここでも示されているのである。この理由として、自分と類似する他者が高い所得をもつときに、人は自分もそうなり得るという期待を抱き、それによって準拠集団の所得が高く見積もられることが挙げられる(飯田 二〇一二)。

(2) 準拠集団の所得と幸福感

それでは、表3-4で準拠集団の所得(対数変換)を従属変数とする重回帰分析を確認していこう。ま

表 3-1　準拠集団の所得の平均

	平均(万円)	標準偏差	度数	割合(%)
過去の自分	508	301.3	979	27.2
未来に予想される自分	542	313.4	163	4.5
本来あるべき自分	553	305.8	428	11.9
職場の同僚や知人	547	303.3	649	18.0
学生時代の同級生	591	278.8	367	10.2
親戚・親族	548	273.0	28	0.8
近所の人	382	317.6	22	0.6
テレビ，新聞，インターネット，書籍などで知った人	629	272.2	66	1.8
平均的な日本人	463	168.8	901	25.0
全体	521	276.0	3,603	100.0

表 3-2　本人所得別の準拠集団の所得

		準拠集団の所得(万円)											合計
		0	50	150	250	350	450	550	650	750	900	1,100	
本人所得(勤労所得)(万円)	0	1	1	5	4	4	8	2	2	1	1	0	29
	50	2	130	92	74	63	42	27	8	8	8	5	459
	150	0	5	113	126	103	62	31	15	11	10	5	481
	250	2	3	27	115	174	134	52	26	8	7	17	565
	350	1	0	3	24	112	171	83	29	17	7	11	458
	450	2	0	1	9	30	124	103	55	30	15	11	380
	550	0	0	1	2	14	54	66	61	50	17	15	280
	650	0	0	0	2	7	39	49	49	52	32	23	253
	750	0	0	1	1	5	23	28	32	56	53	30	229
	900	0	1	0	1	6	24	30	18	22	78	81	261
	1,100	0	0	0	0	3	8	9	7	6	16	56	105
	1,300	0	0	0	0	1	3	10	1	3	4	19	41
	1,500	0	0	0	0	0	1	0	2	2	2	20	27
	1,700	0	0	0	0	0	3	1	2	1	2	26	35
	合計	8	140	243	358	522	696	491	307	267	252	319	3,603

ず比較対象によって予想する所得がどのように異なるかを、モデル1の分析で確認した。その結果、「学生時代の同級生」や、「テレビなどで知った人」という比較対象に対して、高い所得を得ていると予想している。逆に、「過去の自分」や「近所の人」という比較対象に対しては、低い所得しか得ていないと予想している。これらは記述統計の結果と同様である。

次にモデル2では、モデル1に加え、社会的属性と本人所得を考察した。社会的属性によって効果がみられる箇所はいくつかあるが、本研究で着目するのは本人所得の効果である。本人所得の効果は有意にプラスで〇・三六九の値をとっており、本人所得が上がるほど、比較対象の所得も上がるということが示された。この結果は、表3-2、表3-3で示されたように、自分より同じかやや高い所得の人を比較対象にするという効果を示している。

表3-3　本人所得と準拠集団の所得の比較

	人数	割合(%)
準拠集団の所得のほうが高い	2,082	57.8
同程度	965	26.8
本人所得のほうが高い	556	15.4
合計	3,603	100.0

さらに、表3-5で、幸福感の規定要因を重回帰分析の結果で確認していこう。モデル1は、準拠集団に関する変数を投入していないモデルである。本人所得が増えるほど幸福感が上昇することがわかる。また、学歴が高い場合や企業規模が大きい場合に、幸福を感じやすいことが示された。例外もあるが、基本的には生活が豊かで安定しているときに幸福感もまた高くなることが確認できたといえるだろう。

モデル2では、モデル1に加え、「もっとも比較する対象」の変数を投入した。「過去の自分」が一〇％水準で負の値をとるものの、それ以外は有意な効果をもたないことがわかる。

そして、このモデル2に、準拠集団の所得を投入したものがモデル3となる。準拠集団の所得の効果（標準化偏回帰係数）はマイナス〇・一三七をとり、準拠集団の所得が1単位（1標準偏差）上がるごとに、幸福感が〇・一三七ポイント下がることを示している。このとき、本人所得の値は〇・二三三をとり、本人所得が1単位（1標準偏差）上がるごとに、幸福感が〇・二三三ポイント上がることを示している。

これらの結果から、本人所得と幸福感との関連を整理しておこう。まず、幸福感を高めることに関して本人所得の直接の効果は、〇・二三三である（表3－5）。そして、本人所得が準拠集団の所得を高め、そして幸福感を下げるという効果は、〇・三六九（表3－4）とマイナス〇・一三七（表3－5）を掛け合わせたマイナス〇・〇五となる（Bohrnstedt and Knoke 1988＝1990）。本人所得が幸福感を高める効果（〇・二三三）に対して、準拠集団を経由して低める効果（マイナス〇・〇五）はその二割程度の大きさをもつといえる。つまり、所得が上がることによって基本的には幸福感は上がるというメカニズムに加え、部分的に、所得が上がることによって幸福感が低められるメカニズムも確認された。

5　準拠集団と所得

以上の分析結果をふまえ、議論を行おう。本章では、幸福感の上昇を抑制すると考えられてきた準拠集団の理論を用いた実証研究を行ってきた。分析の結果は主に二点ある（図3－3）。第一は、準拠

表 3-4　準拠集団の所得(対数変換)を従属変数とする重回帰分析(標準化偏回帰係数)

		モデル 1	モデル 2
もっとも比較する対象 (基準：平均的な日本人)	過去の自分	−.049*	.005
	予想される自分	.004	.012
	あるべき自分	.029	.044**
	職場の同僚	.013	−.001
	学生時代の同級生	.080**	.085**
	親戚・親族	.011	.040**
	近所の人	−.051**	−.027*
	テレビなどで知った人	.052**	.043**
性別	女性ダミー		−.177**
年齢			.149**
婚姻状態 (基準：既婚)	未婚		.022
	離別		.047**
	死別		−.020
子ども (基準：子どもなし)	末子乳幼児		.017
	末子就学前		.007
	末子小中学生		.025
	末子高校〜未婚		−.021
職業 (基準：事務)	ブルー		−.017
	販売		−.013
	サービス		−.033*
	専門		.016
	管理		−.010
	その他		−.036*
働き方 (基準：正規)	役員		.018
	公務員		.016
	非正規		−.127**
	自営		.018
企業規模 (基準：100 人以下)	100〜999 人		.059**
	1000 人以上		.057**
	官公庁		.021
	わからない		−.051**
学歴	専門学校		.004

（基準：中学・高校）	短大		.009
	大学		.047**
	大学院		.012
本人所得			.369**
R^2		.017	.433
R^2 変化量			.417**
修正済み R^2		.015	.427
AIC		−2330.756	−4259.779

注 1）$N=3{,}603$．VIF 診断済み．
2）**印は 1% 水準で有意，*印は 5% 水準で有意，† は 10% 水準で有意であることを示す．水準の数値の低いときほど結果が安定して得られるとみなしてよい．AIC は赤池情報基準（Akaike's Information Criterion）と呼ばれる適合度の指標で，値が小さいほど分析モデルのあてはまりがよいことを示す．VIF は，独立変数間の相関が高いために不自然な分析結果となる多重共線性が発生していないかをチェックするために用いられる指標である．標準化偏回帰係数とは，独立変数の相対的な影響力の強さを示すものである．

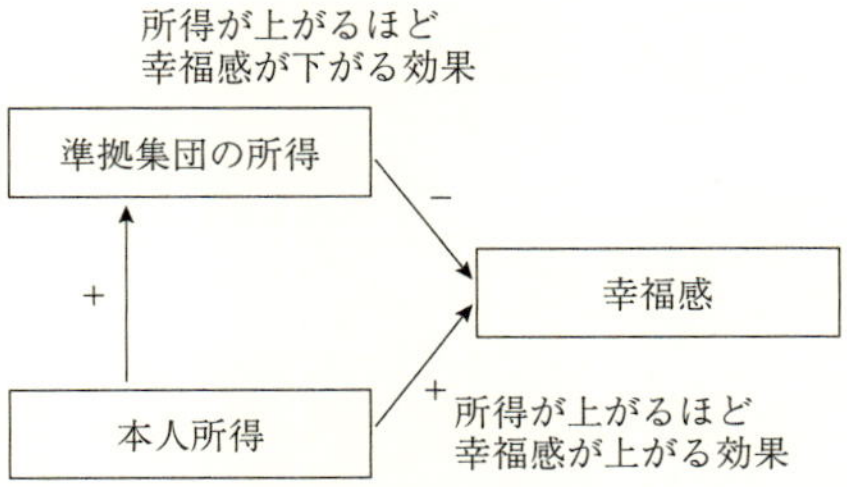

図 3–3　幸福のパラドクスのメカニズム

表 3-5　幸福感を従属変数とする重回帰分析(標準化偏回帰係数)

		モデル 1	モデル 2	モデル 3
性別	女性ダミー	.205**	.206**	.186**
年齢		.038†	.039†	.061**
婚姻状態	未婚	−.256**	−.256**	−.256**
(基準：既婚)	離別	−.125**	−.125**	−.122**
	死別	−.019	−.021	−.023
子ども	末子乳幼児	−.001	−.003	−.002
(基準：子どもなし)	末子就学前	−.025	−.027	−.025
	末子小中学生	−.070**	−.070**	−.067**
	末子高校～未婚	−.096**	−.097**	−.095**
職業	ブルー	−.029†	−.030†	−.032†
(基準：事務)	販売	.005	.005	.004
	サービス	−.021	−.021	−.021
	専門	.001	.002	.004
	管理	.038†	.038†	.043*
	その他	−.019	−.018	−.019
働き方	役員	.030†	.030†	.035†
(基準：正規)	公務員	.021	.022	.024
	非正規	−.021	−.020	−.027
	自営	.056**	.056**	.062**
企業規模	100～999 人	.021	.021	.027
(基準：100 人以下)	1000 人以上	.058**	.058**	.064**
	官公庁	.004	.003	.007
	わからない	.015	.015	.012
学歴	専門学校	.008	.009	.009
(基準：中学・高校)	短大	.003	.003	.005
	大学	.035†	.037†	.047*
	大学院	.040*	.040*	.045**
本人所得		.165**	.164**	.233**
もっとも比較する対象	過去の自分		−.036†	−.018
(基準：平均的な日本人)	予想される自分		.017	.027
	あるべき自分		−.025	−.008
	職場の同僚		−.020	−.006
	学生時代の同級生		−.025	−.004
	親戚・親族		.016	.023
	近所の人		−.010	−.010
	テレビなどで知った人		−.018	−.008
準拠集団の所得				−.137**
R^2		.128	.130	.139
修正済み R^2		.121	.122	.130
AIC		4469.377	4475.368	4443.472

注)**: $p<0.01$, *: $p<0.05$, †: $p<0.10$, $N=3{,}603$. VIF 診断済み.

集団の所得は自分と同じかそれよりも高く設定される傾向があり、そのために自分自身の所得が高くても自分の所得より高い所得と自分の所得を比較する者が多かった。第二に、準拠集団の所得が高いことが幸福感を下げる効果が確認された。その効果は本人所得が高いときに幸福感が上がることの効果を下回るものの、統計的に十分に確認できるものであった。

この二つの分析結果は、これまでの研究で示唆されていたことをサポートする結果であり、なにより実証的に明らかにしたという点に本章の意義はある。幸福感の実証研究では準拠集団の理論が十分に取り入れられていなかったが、本章では最近の信頼できる広範囲な日本の調査データを用いてその効果を明らかにしたのである。このような所得が幸福感に与える効果を明確に示すことの意義は大きいと考えられる。

章末注

重回帰分析とは統計解析法の一つである。独立変数がいくつかあって、それらが従属変数にどれほど影響を与えているかを知るための分析法である。二つの判断基準がある。第一に、独立変数が全体として何％ほど（それはR^2で示される）従属変数の動向に影響を与えているかの適合度である。第二に、それぞれの独立変数が従属変数に効果を与えているかどうかの判断に関することである。統計的に有意であれば効果がある（プラスかマイナスかの違いはある）と判断する。

表 3-6　変数の概要

変数名	変数の作成	平均(標準偏差)または割合
幸福感	幸福感は，「全体として，あなたは普段どの程度幸福だと感じていますか．番号(0～10)から最も近いものを1つ選んでください．」と尋ね，11段階での回答を求めた．	6.9(1.98)
性別	男性を0，女性を1として女性ダミーを作成した．	男性 66.1% 女性 33.9%
年齢	年齢	45.9(12.20)
婚姻状態	未婚，既婚，離別，死別より選択．	未婚 31.6% 既婚 61.2% 離別 6.2% 死別 0.9%
子ども	「あなたのお子さまについてお答えください．」という質問を行った．選択肢から，子どもがいない場合を「子どもなし」，末子が3歳以下の場合を「末子乳幼児」，末子が4歳～6歳の場合を「末子就学前」，末子が小中学生の場合を「末子小中学生」，末子が高校生以上で未婚の場合を「末子高校～未婚」のダミーとした．	子どもなし 43.0% 末子乳幼児 5.3% 末子就学前 3.9% 末子小中学生 13.0% 末子高校～未婚 34.8%
職業	「あなたの職種は何ですか．」という質問を行った．選択肢から，農林漁業，現業職(技能工・生産工程従事者)と回答した場合を「ブルー」，販売職と回答した場合を「販売」，サービス職と回答した場合を「サービス」，事務職と回答した場合を「事務」，専門職・技術職と回答した場合を「専門」，管理職(会社・団体の部長以上，官公庁の課長以上など)と回答した場合を「管理」，その他の職業と回答した場合を「その他」とした．	ブルー 6.1% 販売 8.2% サービス 16.7% 事務 26.8% 専門 25.6% 管理 6.8% その他 9.9%
働き方	「あなたの現在の主な就業上の地位をお答えください．」という質問を行った．選択肢から，経営者・役員を「役員」，正規雇用の正社員・正職員を「正規」，公務員を「公務員」，契約社員，嘱託社員，派遣社員，請負社員，アルバイト・パートタイマーを「非正規」，自営業主，(自営業の)家業の手伝い，内職・在宅ワークを「自営」とした．学生，無業(専業主婦・主夫を含む)，その他は分析から除いた．	役員 3.5% 正規 47.9% 公務員 6.5% 非正規 28.8% 自営 13.3%

企業規模	「あなたの勤め先の(非正規の労働者を含めた)従業員はおよそ何人ですか．本社・支社・支店・営業所・工場などを全て含めたおよその人数をお答えください．官公庁にお勤めの方は「官公庁」を選択してください．」から回答を求めた．従業員数と勤め先によって，「100 人以下」「100 人以上 999 人以下」「1000 人以上」「官公庁」に分けた．	100 人以下 47.0% 100 人以上 999 人以下 22.4% 1000 人以上 20.9% 官公庁 4.7% わからない 5.0%
学歴	2011 年(前年)調査より，学歴を作成した．「あなたが卒業した学校をすべてお選びください．※学生の方は現在の学校もお答えください．」という質問を行った．選択肢から，いずれも回答しなかった場合を「中学・高校」，専修学校(専門学校を含む)を「専門学校」，短大，高等専門学校を「短大」，大学(文系)，大学(理系)を「大学」，大学院(文系)，大学院(理系)を「大学院」とした．複数の回答を可能としており，合計すると 100% を超える．	中学・高校　23.2% 専門学校 12.0% 短大 10.7% 大学 54.3% 大学院 7.6%
本人所得 (勤労所得)	「あなた自身について年収(課税前の年収)をお答えください．一時金(賞与)を含みます．利子・配当金・家賃・地代などの財産収入，年金・仕送り金なども含めます．」という質問を行った．選択肢は 14 段階(+「答えたくない」)の所得階級であり，それぞれに中央値を割り振った．最高額の「1600 万円以上」には 1700 万円を割り振った．「答えたくない」は分析から除外した．	386.2(280.86)
準拠集団の所得	「あなたが今の所得が高いか低いかを評価するときに，もっとも比較しやすい対象はどれですか．」という質問をする．その選択肢は，「過去の自分」「未来に予想される自分」「本来あるべき自分」「職場の同僚や知人」「学生時代の同級生」「親戚・親族」「近所の人」「テレビ，新聞，インターネット，書籍などで知った人」「平均的な日本人」である．その後に，「前問で回答した人の年収(課税前の年収)は，どれくらいだと思いますか．」という質問を行った．選択肢は 11 段階の所得階級であり，それぞれに中央値を割り振った．最高額の「1000 万円以上」には 1100 万円を割り振った．「わからない」は分析から除外した．	465.5(218.7)

第4章　働くことのよろこび

1　哲学と経済学から働くことを考える

(1)　哲学と倫理学

人間が誕生して以来、人は食べるために働かざるをえなかった。狩猟によって動物や魚を捕獲する活動や、植物を採ってきたり、あるいは動物や農作物を育てることによって食料を得る活動は、まさに生きるために働くことである。その後雨風を凌ぐために住居をつくることや、衣服をまとうために動物の皮や繊維を作成することも働くことであった。これらの活動は古代において、人間が働き始めた頃の出来事であるが、経済発展するにしたがって、人間の働く姿も複雑さを増していくことは当然のことであった。

人間が働くということに関して、最初にその意義なり思想を説いたのは、おそらく古代ギリシャ哲学であった。ところがギリシャの哲人は、働くことは卑しいことなので市民は働く必要はなく、働くことは奴隷に任せておけばよい、と考えた。身体を動かすことよりも、市民生活をよくするためにいろいろ頭で考えて議論することが市民の役割と考えて、市民が食べること、住むこと、着ることなどの準備と作業は肉体労働をする奴隷がするものと決めつけていた。ここには人間は何のために働くのか、という思想が見られず、むしろ働くことを見下している哲学・倫理学なので、現代に与える意義は小さいと言ってよく、ここでは働く意義といったことに関する限りギリシャ哲学はさほど参考にならない。

働くということに意義を与えた最初の思想は、キリスト教から発生したものであった。いわば古代ギリシャの罪悪視的な労働観から脱却して、中世のキリスト教は生活に必要なものを得るために自分が働くことは、貴重なこととみなすようになった。神への祈りと生きていくために働くことを、キリスト教は二つの尊い行為としたのであった。さらに中世キリスト教は、職業には貴賤の差があること、肉体労働を肯定したこと、勤労によって得る報酬は正当なものであること、などといった現代の職業観、あるいは資本主義の初期思想の萌芽を示していると解してよい。

中世のキリスト教はカソリックの教えに基づいていたが、カソリック主義が保守主義・権威主義に走るようになったことに異を唱えたのが、ルター(一四八三―一五四六)やカルヴァン(一五〇九―六四)による宗教改革である。カルヴァンの思想は勤労を賞賛する姿勢をとったが、それには次のような時代的背景を理解しておく必要がある。

一五～一六世紀においてヨーロッパで発生した土地の囲い込み運動の結果、農民は土地を失うこととなった。その中で都市部に出てきて失業者、浮浪者となる人がかなりいた。興味ある事実は、これら浮浪者や貧困者の増加は働くことを望まない人の増加である、と当時の宗教指導者が判断していることであった。そこでルターや、特にカルヴァン派は人々の勤労意欲の欠如や怠惰な気持ちが浮浪者や貧困者を生む原因とみなして、人々は働くということに価値を見出さねばならない、と信じるようになったのである。いわば人々の怠慢を批判し、勤労精神の高揚を求めたのであった。ついでながら、これら貧困者を道徳的に矯正するために、為政者は「ワークハウス」をつくって、それらの人を強制的に収容して、強制労働を行うようにした、ということがあった。

この時代、経済学の発展はまだなかったことを付言しておこう。後の経済学は、失業者ないし貧困者の発生は、仕事がないという事実によって説明できるという理論を打ち出すが、当時はその発想はまだなく、失業者ないし貧困者はその人々の怠惰が主たる原因とみなしたのであった。宗教関係者もこの思想に同意したという不幸があったのである。しかし、あえてこの不幸にも価値がある、ということを述べておきたい。当時の宗教指導者が人間の怠惰な心、あるいは勤労精神の欠如が失業や貧困の原因であると考え、失業者・貧困者をただ蔑み非難し排除する態度をとっていたのに対して、キリスト教の新しい思想が批判して、働くということは人間にとって大切なことだ、と教え励ますようになったことの意義は大きい。

時代は進んで、革命によって絶対王政が崩れ、市民階級が政治権力を獲得するようになるが、同時に産業の発展が見られた。一八世紀のイギリスを発端として産業革命が起こり、それがフランス、ドイツなどにも波及して資本主義経済が隆盛を迎えることとなる。そこで資本主義の発展を背後から支える倫理として、マックス・ヴェーバーによる有名な『プロテスタンティズムの倫理と資本主義の精神』が説明したように、新教が説くところの「勤勉と倹約」という考え方が資本主義の発展に大いに貢献したのである。これによって工場や金融・商業を経営する資本家のみならず、労働者にも勤労を尊ぶ精神が植え付けられたことが、資本主義経済の発展の要因となった。

（2） 経済学

資本主義経済の発展は、当然のことながら経済学の誕生とその後の進展を促すことになる。一七七六年に出版されたアダム・スミスによる『国富論』を最初の本格的な経済学の書物とみなすなら、経済学はたかだか二百数十年の歴史しか有しない若い学問なのである。資本主義においては企業と労働者の自然な競争心に任せて、市場を媒介にして自由な経済活動を行うことがもっとも経済を効率的に運営することにつながる、とスミスに始まる古典派の経済学は考えた。

働くということから古典派経済学の評価できる点を挙げるとすれば、労働に対する報酬は労働者の貢献分に比例して決めればよい、という限界生産力説と呼ばれる原理を主張したことにある。やさしく言えば、生産性の高い人、頑張る人の賃金が高くなることが公平な賃金決定の原理である、としたのである。その論理は、後に「衡平性」と称されるようになるが、後に紹介する賃金決定の四つの公正原理の一つに入るものである。

資本主義のさらなる発展によって、労働者の賃金や働く場所など労働条件の劣悪さが目立つようになり、労働者は資本家によって搾取されているとの認識が高まることとなった。このことを科学的に証明するために、古典派経済学を批判するマルクス経済学が登場してきた。資本家・支配者という強者に対して、労働者・被支配者という弱者を救済する必要があるという、素朴な哲学・倫理学思想が当時から存在していた（例えば空想的社会主義など）が、それを論理的かつ科学的に証明しようとしたのが、マルクスやエンゲルス（一八二〇―九五）の発想によるマルクス経済学であった。後にレーニンが社会主義革命を主張し、現実にもそれを成功させてソビエト・ロシアが誕生したのである。

古典派・新古典派経済学（近代経済学と称されることもある）とマルクス経済学の経済理論上の相違については経済学の専門書に譲り、ここでは本書の主たる関心である働くことによる満足度（幸福感）と関係のあることだけを述べておこう。

第一は、働くことの意義なり、なぜ働くのか、ということに関することである。働くことによって賃金が得られると考えるのが近代経済学の思想なので、生活の糧を得るためには労働が必要なのである。そして高い生活水準を得ることを望むのなら、古典派経済思想の教える通り、生産に対して高い貢献度を示さねばならないのである。

一方で、労働者の味方という立場にいるマルクス経済学も、レーニンが「働かざる者食うべからず」と述べているように、食べるため（すなわち生活のため）には働くことが必要であると説いた。現代語風に言えば「フリーライダー」の排除であり、働かなくとも食べていくような姿を批判したのである。

以上、二つの異なる経済思想がともに、人間は働くことによってはじめて生活ができるのである、という共通の思想を持っていたことを銘記しておこう。近代経済学の擁護する資本主義においても、マルクス経済学の擁護する社会主義においても、人は働くことが基本条件であり、そのことによってはじめて食べることができる、と主張しているのである。

では、食べるために働かざるをえないことは理解できたとして、働くことは楽しいことなのか、それとも苦痛なのか、ということになると、それぞれの経済学はいろいろな考え方を提示してきた。本章の後半で、日本人は働くこと(あるいは仕事をすること)から満足を得ているかどうかを検証するが、その前に経済学がこのことをどう理解しているかを明らかにしておきたい。

まず近代経済学であるが、基本は労働は苦痛であるとみなしている。第6章の余暇の章で詳しく論じることであるが、労働していない時間を余暇とみなして、これは楽しみを感じることができるとする。しかし、労働は苦痛であっても労働によって獲得できる所得を消費に使うことで、消費活動からは効用(すなわち満足)が得られると考えるのである。従って、消費＝満足、労働＝苦痛、という二つの組合せをどう決めるかが、近代経済学の分析対象となるのである。

次いで、マルクス経済学はどうであろうか。マルクス自身は労働によって生活の糧を得て、生産に貢献するのであるから、人間にとって必要不可欠なことと考えた。労働をむしろ賛美していた、と言った方がよいかもしれない。しかし、マルクス以降の社会主義者には様々な思想の持主がいて、いろいろな考え方が提唱されている。

第一に、マルクスの娘婿であるポール・ラファルグ(一八四二―一九一一)は、『怠ける権利』(一九九二)において、労働には喜びや楽しみなどはまったくない、と主張して、労働を否定した。人間は自由な時間を送るときに人間性豊かな生活が送れるとした。働かずに食べていくことができるのは、古代ギリシャ時代であれば市民だけであり、現代であれば大地主か大資本家に限られるので、食べるために働かざるをえない庶民にとっては、労働は苦痛であるという見方を容認した上で、次の段階を考えてみよう。

第二に、ウィリアム・モリス(一八三四―九六)やジョン・ラスキン(一八一九―一九〇〇)で代表される社会主義者は、働くということは苦痛であることは確かであるとした。安い賃金の下で汚い工場の中で働く当時の労働者を想定すればそれは事実であるが、一方で仕事の種類によっては労働を喜びに転換できるとした。特に職人芸などによって自分の思うままに作品をつくれる人、知的能力を駆使して創造性に富んだ仕事の出来る人、などを例として挙げて、喜びを感じることのある仕事はある、と主張した。このことを裏返しで言えば、肉体労働や単純労働をする人にとっては、労働は苦痛そのものにすぎない、ということになる。労働に関しては、人が就いている仕事の種類によって、人が感じる満足度ないし苦痛度はかなり異なる、という考えと言ってよい。

第三に、現代におけるマルクス主義者には、モリスやラスキンの考え方に共鳴する人が多い。例えば、ハンナ・アレント(Arendt 1958＝1973、九五頁)は、労働は生命の維持のためにあると考えた。すなわち、労働(labor)は本来苦痛なことであるが、労働によって所得を獲得して消費生活を行うことによって生きることができるのである。既に述べた近代経済学における労働観から影響を受けている、と理解できる。とはいえ、同時にアレントは、人は仕事（work）からは何か新しいものをつくることができ、そこから喜びが得られるとも述べている。これはモリスやラスキンの社会主義思想を踏襲しているように思える。

（3） 労務管理

人は労働することによって賃金を受領するが、賃金決定を公正という概念から評価すると、次のような四つの基準がある、と経済学、経営学は述べてきた。人がどれだけの賃金を受領するかというときに、多くの人が納得できる額を決める基準は何か、というものである。

①衡平基準　これは既に紹介したように、人の働き振りに比例して額を決定する基準である。

②均等基準　例えば、賃金分配は平等である方が好ましいとか、いやそうでなくてよい、といったことの基準である。これは個人の価値判断によるところがあるので、すべての人を納得させる基準はない。

③必要基準　人は最低限生きていくために一定の賃金、所得が必要である。すべての人の生活を保障できるだけの額を払うという基準である。

④努力基準　人の働き振り、すなわち成果によるのではなく、働くときにどれだけの努力をしたのかに比例して、額を決定する基準である。

これら四つの基準が賃金、所得の決定に際して考慮されるべきものであるが、現実の労使関係において、どの基準を重視してどの基準を軽視してよいかは、企業や組織、あるいは職場によって様々である。四種すべての基準を満たすような決定はまず不可能であるから、優先順位を付けることから始まって、実際の賃金額が決められる、と言ってよいであろう。もとより経営側と労働側とではその優先順位は異なるであろうから、実際の賃金額は労使交渉によって決まるものである。もう一つ事態を複雑にするのは、労働者の間でもこれら四つの優先順位が異なり、労働者の間でも交渉が必要になることがあるかもしれないことである。

労務管理という経営学の一分野がある。どういう働き方をしてもらうときに、労働者のモティベーション（意欲）が高まって、生産性を高くすることができるか、ということを扱う学問分野である。ここで述べた賃金決定の四つの基準をどう扱うか、ということも労務管理の一つの指針となりうる。あるいは誰を企業内で昇進させるか、誰にどのような仕事に従事してもらうか、職場の環境をどうするか、といったことも重要な労務管理上の課題である。

モティベーションを高めるにはどうすればよいか、労務管理論はいろいろな方策を主張するが、本書との関連からすれば、人々が働く際にどのような状況にあるときに満足度が高いのか、ということを知ることによってかなりのことがわかる。そのことを後に詳しく検証する。

産業心理学では、人がやる気を起こすという目標を考えたとき、他人から長所を賞賛されたときにますますやる気を発揮するのか、それとも短所を指摘されてそれを是正するように忠告を受けたときにますますやる気を持つのか、二つの異なる考え方がある。前者はその人の持っている長所をとことん褒める方策であり、後者はその人の持っている短所を批判して、それをできるだけ是正する方策である。

前者の長所を褒めて、それを伸ばす方策の方が、後者の短所を批判して是正する方策よりも、効果はより大きいと筆者達は判断する。その根拠は、後者であれば批判を受けた人は、反発心を抱くことがあってやる気を失うことがありうるが、前者であれば他人から褒められて悪い気分になる人はあまりいないし、逆に嬉しく思ってますますやる気を高める可能性が高い。しかしながら、もとより前者にあっても、褒められて有頂天になって、それだけで慢心して前に進まない人がいるかもしれないし、後者にあっても、批判を受けたことを真摯に受け止めて、かえって反省して努力をしながら短所を是正しようとする人もいる。いわばまわりの第三者から評価やアドバイスを受ける人の性格によって、ここで述べた反応の違いが出現するので、その人の性格を慎重に見極めてから、長所の褒めに徹するか、それとも短所の批判に徹するかを決める必要がある。

なお、前者のように人を褒めることのメリットは、実は哲学からの支持がある。ドイツ観念論哲学の大家であるヘーゲル（一七七〇―一八三一）は、『精神現象学』の中で、人は生死を賭けて他人に承認を求める闘争を行っている、と述べた。これを「承認欲望」と称してもよいが、今村（一九九八）は次のような解釈をしている。人が労働の喜びを感じるのは、他人からその成果を賞賛された時であるという信念の下、人間社会での厳しい競争の中でなんとか敗者とはならずに勝者になりたいと願って、人は努力を重ねるのである。仕事で良い業績を上げて上司、同僚、あるいは部下に褒められたときの喜びには格別なものがあり、それで「承認欲望」が満たされたと感じるのである。

周りの人から褒められたときに、人間の本質としてある「承認欲望」が満たされたと感じて幸福感を覚え、ますます仕事に励むのではないか、というのがここでの主張であった。これは外から刺激を与えて、人々に意欲、やる気、動機付けと言ったようなモティベーションを高めることに期待するものである。むしろ外から刺激を与えられたからではなくて、自分から進んでモティベーションを高くする、という可能性はないだろうか。産業心理学では前者を外発的モティベーション、後者を内発的モティベーションと称して、両者を区別している。

内発的モティベーションは誰かからの指示や助言に依存せず、人のやる気は内から自然に湧き出るものだ、と信じる発想を重視するものである。自分から目標を立てて、その目標に向かって努力し、その目標が成就したときの喜びや幸せに期待すると言ってよい。内発的モティベーションは個人の性格や特質に応じて自然と起こることなので、人によってその発露の程度がかなり異なり、どういう方策を用いれば内発的モティベーションを高められるか、を論じるのは難しいことである。

さらに、内発的モティベーションを高めることで日本の企業は労働者、特に若者を搾取していると解釈する意見もある。あるいは他人を助けるという美名の下で、苦しい仕事への正当な報酬を下げるという方針をとる企業もあるとされる（これらに関しては、例えば阿部（二〇〇七）、本田（二〇〇八）参照のこと）。内発的モティベーションを悪用しているとの指摘である。

むしろここでは外発的モティベーションと、内発的モティベーションの相違は概念的にはわかることであるが、それを明確に区別することは困難なことであるし、両者が絡み合って相乗効果を発揮することもあると考えられるので、これ以上両者の相違に言及しないでおこう。

ここでは人が仕事をする際に、「承認欲望」が満たされたとき満足なり幸福を感じて、ますますモティベーションが高まって、もっと仕事への意欲が高まるのではないか、という一つの結論を述べるにとどめておく。

2　仕事から満足を得ているか

(1)　日本人は働くことに意義を感じているか

「働かざるもの食うべからず」は経済学から支持されているし、人々もこのことはわかっていて、食べるため、生きるために働いているのが現状である。そうすると食べていけるだけの賃金、所得を稼ぐだけに満足して、ガムシャラに働いて高い賃金、所得を稼ごうとしない人がいても不思議はない。このことが日本人にあてはまるのか、検証してみよう。

人間は働くこと以外に、様々な活動をしている。それらの活動の中でどの活動に充実感を抱いているかを知ることによって、上で述べたことの是非をある程度確認できる。図4-1は内閣府の「国民生活に関する世論調査」を用いて、七種類の生活上の活動のうち、充実感を抱く人の比率を示したものである。充実感は満足感と同義であるとみなしてよい。この図から日本人がどの活動に充実感を抱いているのか、いろいろなことがわかる。

第一に、もっとも充実を感じている人の割合が高い活動は、家族団らんのときである。これはここ

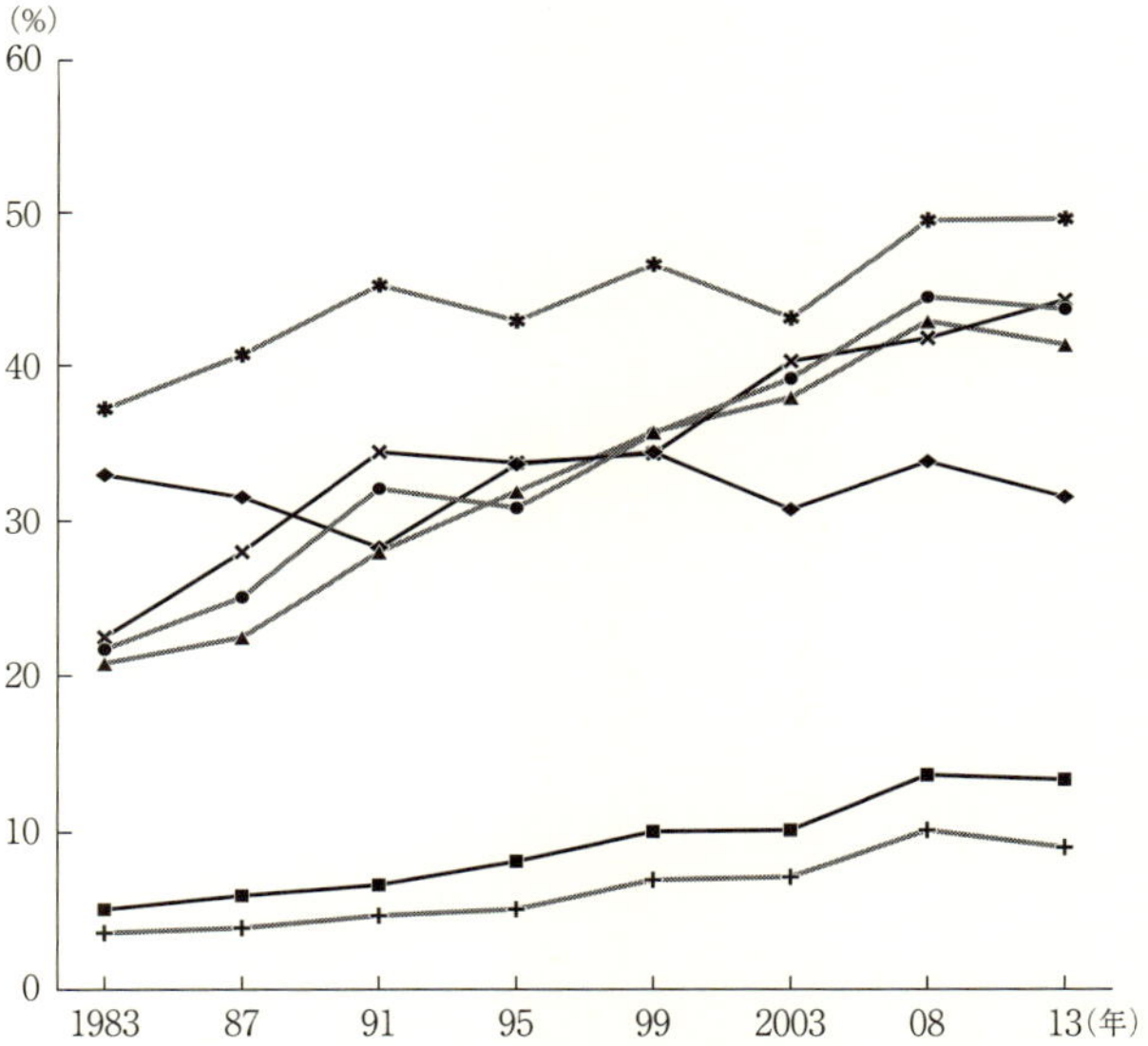

出所）内閣府「国民生活に関する世論調査」より筆者作成.

- 仕事にうちこんでいる時
- 勉強や教養に身を入れている時
- 趣味やスポーツに熱中している時
- ゆったりと休養している時
- 家族団らんの時
- 友人や知人と会合，雑談をしている時
- 社会奉仕や社会活動をしている時

図 4-1　生活のなかで充実感を感じるとき

三〇年にわたって第一位を保持しているし、他の活動をかなり離しての比率の高さである。「無縁社会」などと称されて家族の絆が希薄になっているが、充実や楽しみということに特化すると、家族と一緒にいるときに充実を感じる人がもっとも多いのである。しかし橘木（二〇一一b）が示したように、日本においては家族をつくらない人、あるいは（死別や離別などで）家族がいなくなった人、いわば単身者の増加が進行中である。これら単身者は家族との団らんを持てない人と判断してよい。

第二に、家族の団らんからやや下位にあるが、比較的高い比率を示す活動は、「ゆったりと休養している時」「友人や知人と会合、雑談をしている時」「趣味やスポーツに熱中している時」である。趣味やスポーツの役割については別の章で詳しく検討するとして、「ゆったりと休養している時」の意味をここで考えておこう。この活動は働く（あるいは仕事をする）時間以外の自由な時間を意味し、勤労から解放されることに充実感（幸福感）を抱いていることを、間接的に意味しているのである。すなわち、どうも働く（仕事をする）ことに対する充実感は薄いかもしれないことを予想させる。しかしこれだけでは働く（仕事をする）ことの充実感を全面的に評価することは不可能である。

第三に、「仕事にうちこんでいる時」に注目すると、比率は三〇％を少し上回るだけの高さであるし、他の活動と比較すると第五位にすぎないことと、上位四つの活動の高さより、かなり低い数字であることがわかる。勉強や教養活動、あるいは社会奉仕や社会活動をしている時よりは高い数字ではあるが、むしろ第五位の低さにあることを重視する。

このことは、第二で述べた「ゆったりと休養している時」に充実感を抱く人の比率の高さをも同時に考慮すると、「仕事にうちこんでいる時」に充実感(幸福感)を抱く人の割合は、少ないのではないかと結論づけられる。働きバチの日本人、勤労意欲の高い日本人、という印象がこれまでは大きかったが、たとえ長時間労働にコミットしている日本人であっても、今や働くことや仕事をしていることに充実感はさほどない、という時代となっている。やや極論すれば、働くことや仕事をすることは食べるためにしているのであり、そこからの満足感はさほどない、と日本人は判断する時代になっているのである。あるいは、働くことや仕事をすること以外のことをしているときの方が、充実感(幸福感)を覚えているのである。

この事実をどう考えたらよいのであろうか。第一に、労働、あるいは仕事は苦痛を伴うことなので、苦痛を感じるということは充実を感じないということにつながるのであり、人々は正直に回答していると判断できる。食べるために働くのだ、とこれも正直に回答しているのである。

第二に、とはいえ橘木(二〇一一a)の強調するように、労働や仕事に対する感情なりコミットメントの濃淡は、その人がどのような職業や業務に就いているかによってかなり異なる。ごく大雑把に言えば、肉体労働や単純作業をしている人よりも、ホワイトカラーや専門職・管理職にいる人の方が仕事へのコミットメントの程度は高い。この図で回答している人はすべての職業人を網羅しているので、多数派を占める肉体労働や単純労働の人々の意向が大きく、平均することによってやや低い充実度として出現したと理解しておきたい。あるいは、そういう人ほど仕事以外の活動に生きがいを感じる程度が強いとも解釈できる。

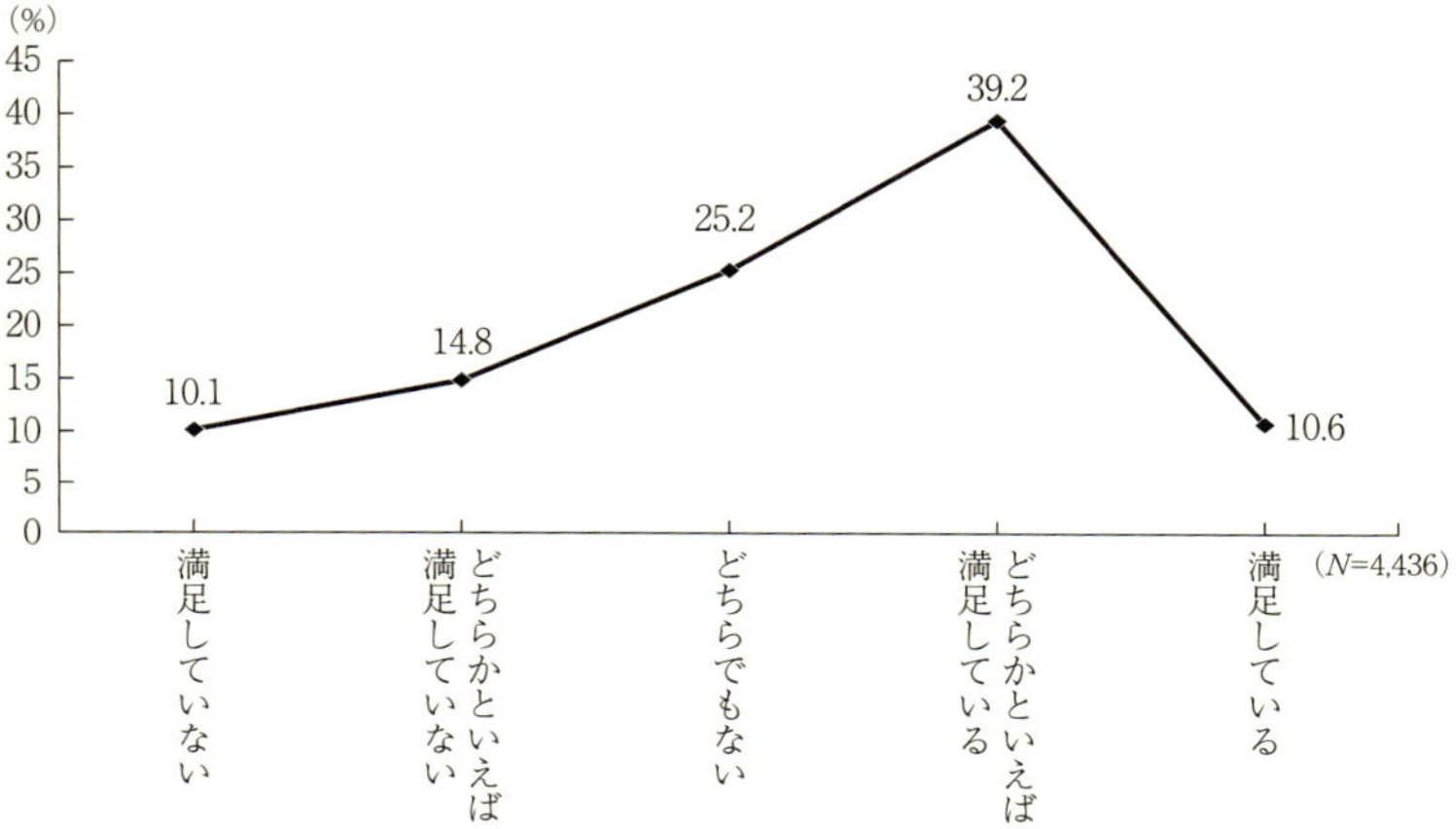

出所）「橘木俊詔科研調査 2012」(60 頁参照)．以下，表 4-1，図 4-3〜図 4-7 も同じ．

図 4-2　仕事の満足度(度数分布，中の値は割合)

(2)　何に仕事の満足を感じているか

人間が行う諸活動のうち、充実感については働く(仕事をする)ことをそれほど重視していないことがわかった上で、それでも働くことに満足しているかどうかを調べるのがここでの目的である。人生で働くこと以外に充実感の得られる活動があったとしても、働くこと自体に不満をそれほど感じない、ということがあっても決して矛盾ではない。そこで仕事をしていることへの人々の満足度を検証してみよう。

図4–2は、現在の仕事の満足度の分布を示したものである。この図によると、最頻値は「どちらかといえば満足している」の三九・二％であり、「満足している」の一〇・六％と加えると四九・八％とほぼ半数の人が満足している、とみなしてよい。既に述べたように、仕事に大なり小なり満足している人が約半数の割合ということは、前の

図における他の活動に充実感を覚える人が多いという事実との矛盾はない。他の活動との比較の上での仕事だけの評価だからである。

一方で大なり小なり仕事の不満を感じている人は二四・九％、どちらでもないと思う人が二五・二％に達している。これらの数字は過去の日本人が仕事に生きがいを感じて、仕事オンリーの人生を送っていた姿からすると、随分と日本人の生き方に関する思いが変わってきたと理解できる。それと既に見たように、仕事以外の活動に楽しみや充実感を持っており、働くことや仕事だけではない、という日本人の思いが強くなっていると言える。このことは、ある程度豊かになって成熟した社会になっている日本においては、自然な気持ちの変化と理解できる。

筆者達が日本人の仕事のやり方として検証したいことは、次の三つの特性が仕事の満足度に影響を与えているのではないか、ということである。すなわち、次のことに該当する仕事に従事している人や、特定の性格を持っている人ほど、仕事の満足度が高いのではないか、という仮説を設定した。

①人を助ける仕事ほど

②創造的な仕事ほど

③向上心（あるいは野心）を持つ人ほど

ここで①から③までの仮説を検証することを可能にする具体的な質問項目を列挙しておこう。

①他者援助性

(i)人と接する仕事がとても多い

(ii)身体の不自由な方や小さな子どもの世話をすることが多い

(iii)困っている人々の生活を支援する
(iv)多様な人びとに接する

②創造性

(i)遊び心やユーモアが求められる
(ii)趣味との境界があいまいである
(iii)新しいことを先駆けて行うことが求められる

③向上心(野心)

(i)より上位の職位を目指している

これら三種類の変数の大きさは、それぞれを説明する質問項目との間で因子分析を行い、それぞれの質問項目を考慮した上で、説明変数を代表させうる因子を用いる。仕事の満足度を説明する回帰式の推計が最終目標であるが、その前に仕事の満足度に影響を与えると考えられる職業的属性(すなわち、人々の仕事の種類や所得)などの効果を見ておこう。これは他の変数の効果を考慮していないので、諸属性の単純効果とみなしてよく、直観に訴える意義しかない。

まず、様々な職業的属性(雇用形態、職業、企業規模、労働時間、所得)が仕事の満足度と関連があることを確認しておこう(章末図4-3から図4-7)。まず雇用形態に注目すると、満足度の高い形態は経営者・役員、自営業主、公務員、の三種と理解できる。前二者はその人の裁量で仕事のできる形態であることから、満足感の高いことは自然である。公務員は必ずしも裁量性の高い形態ではないが、職を失うことがないという職の安定性の高いことへの満足感が高いと考えられる。一方で不満度の高い三種は、派遣社員・請負社員、内職・在宅ワーク、正規雇用の正社員・正職員、である。特に派遣社員・請負社員の不満度の高さが目立つ。正社員の満足度が契約社員・嘱託社員やアルバイト・パートタイマーよりも低いことは一見意外であるが、これは他の属性、例えば仕事の種類や所得などを考慮していないことによる結果である。正社員であっても、職業（例えば身体的苦痛の多い肉体労働・単純労働）や低い所得に満足していないということがあることによる。

職業に関する満足度において満足度が高い三種は、管理職、農林漁業、専門職・技術職、である。農林漁業に従事している人の仕事への満足感は、人に指図されずに自己の裁量で仕事のできることによるし、残りの二種については説明を要しないであろう。一方で、不満度の高い職業は、現業職（技能工や生産職）、サービス職、販売職、の三種である。それぞれが苦痛を伴う肉体労働・単純労働であることが多いので、満足度の高くないことは自然である。収入の低いことや、承認欲望の未充足などもあるだろう。

次の関心は企業規模の効果である。一〜五人、六〜二九人、という極小企業を除けば、企業規模が大きくなれば満足度の高まることがわかる。大企業ほど職の安定感があることと、仕事・業務が高度になること、収入の高いこと、承認欲望の充足などからこの性質が出現する。官公庁の高さは、職の安定さがもっとも重要な要因であると考えられる。やや意外に思えることは極小企業で働く人の満足度の高いことである。それらの企業で働く人には所得の低い人が多いことはよく知られているからである。しかし極小企業であれば自己の裁量で働くことができる可能性があって満足度が高くなったり、ごく一部の有能な人はかなり高い報酬を得ることのできる雰囲気が極小企業にはある。こういう人の満足度は高いと想像できる。

労働時間に関しては、短時間の人の満足度がやや高く、長時間の人の満足度が低下する傾向が読み取れる。これは常識通りの結果である。しかしながら、その差はさほど顕著ではない。このことは人が仕事の満足度を評価するとき、労働時間の長短はさほど影響力を及ぼさない、ということを示す。

最後は、所得の効果である。非常に所得の低い人を除いて、所得が高くなればなるほど満足度が高くなる。これは予想通りの結果なので、多言を要しない。むしろ二〇〇万円から三〇〇万円以下の所得にいる人の満足度がそれほど低くないのはなぜであるか、関心がある。橘木・迫田(二〇一三)によると、この程度の所得の人(特に若い男性)は結婚ができない、あるいは恋人もいない、という楽しい人生を送れる状況にないので、本来ならば不満の程度は高くあってしかるべき、と思われるのである。

この一見の矛盾を解く鍵は、この図の回答者があらゆる階層の人を含んでいることによる。すなわち、所得の低い人には高齢者、あるいは女性が多いだろうし、働き方もパート労働の人が多いのである。高齢者にあっては最初から高い所得は無理と思っているので、高い期待をしない可能性があるし、女性にあってもそれに近い。前者にあっては、年金の支給があるだろうし、後者にあっては夫の所得があることによって、生活の苦しみはさほどない可能性がある。先程の雇用形態の図において、パートタイマーの仕事の満足度はそれほど低くなかったことを思い起こしてほしい。自分が働くことによる所得がたとえ低くとも、生活が苦しくないという人にとっては、それほど高い不満を感じない可能性があるし、自己の低い所得に対しても納得済みのところがある。

3　仕事の満足度――まとめ

最後に、ここまでわかったことを念頭に置きながら、まとめの意味で仕事満足度を説明する回帰式の結果を検討しよう。表4-1は数多くの説明変数を考慮して推定したものである。モデル1とモデル2の違いは、モデル2はモデル1に先程議論した人の性格（向上心ないし野心）という変数を加えたものである。実証結果を検討しておこう。

第一に、職務の特性と人の性格は、有意水準一％において三つの変数ともに正で有意である。推定係数の値で評価すると、創造性がもっとも影響力が高く、次いで他者援助性が続き、向上心（野心）が最後に来る。ここでの回帰式は、それぞれの変数を標準化したものを用いているので、係数の大きさ自体がその変数の持つ影響力の大きさを物語っていることに留意されたい。人が仕事の満足度を評価するときは、遊びやユーモアが求められて趣味との境界があいまいな仕事、そして何よりも新しいことを先駆けて行うことが求められる仕事に従事するときにもっとも高い満足を感じるのである。

次いで、身体の不自由な人や困っている人々の生活を支援する仕事に就いていたり、いろいろな人と接することのできる仕事に就く人の満足度が続く。このことは、仕事をすることによって、他人が喜びを感じている姿に接して、自分も喜びないし満足を感じることを意味していると思われる。

創造性や他者援助性が仕事の満足度を高めることに貢献していることは、直感とも合致するので、まっとうな結果である。第三番目の向上心(ないし野心)は、直感的には正の値でも負の値でもとりうる。正の値での解釈は、向上心なり野心の強い人は、自分の仕事をうまく遂行することによって、企業や組織内で昇進を望むのであるが、「正」の意味するところはそれが成功する傾向が強く仕事の満足度が高いと解釈できる。もし「負」の係数であれば、頑張ったけれどそれがうまく進行しない傾向が強く、かえって満足度が低くなることが多いと解釈できる。結果は「正」の値で有意なので、前者の解釈が妥当しているとみなすことができる。

第二に、有意水準一%で正に有意な変数に言及しておこう。まず女性ダミーが有意なので、仕事の満足度は男性よりも女性の方が高い。このことは人生の幸福度に関する男女差でも見られることなので、男性よりも女性の方が人生に前向きであるか、楽観視する傾向のあることを示している。雇用形態に関しては、経営者、アルバイト・パートタイマー、自営業者などの係数によると、それらの人の仕事の満足度が高いのであるが、これは図4-3で示されたことなので、ここでの結果はそれの確認ということになる。最後に所得については高い所得の人が満足を感じている程度が高いのであり、これは説明を要しないであろう。

第三に、有意水準一%で負に有意な変数に注目しておこう。まずは婚姻状態に関して、未婚者と離別者が不満を感じているが、これは仕事への満足度というよりも、人生での幸福・不幸の表現が間接的に現れた、と解釈しておこう。職業に関しては、現業職、販売職、サービス職が負の値なので、これらの職業の人の仕事満足度は低いが、統計的に有意でしかも係数の大きさでは、サービス職だけが

表 4-1　仕事満足度を従属変数とする重回帰分析(標準化偏回帰係数)

			モデル 1	モデル 2
社会的属性	性別(女性ダミー)		.109**	.117**
	年齢(10 歳ごと)		.013	.025
	教育年数		.009	.005
	婚姻状態	未婚	−.083**	−.083**
		既婚(基準)		
		離別	−.040**	−.040**
		死別	.009	.007
職業的属性	雇用形態	経営者	.085**	.086**
		正規雇用(基準)		
		契約社員など	.023	.025
		アルバイトなど	.053*	.055**
		自営業・家業手伝い	.127**	.128**
	職業	農林漁業	.011	.011
		現業職	−.029†	−.028†
		販売職	−.032†	−.033†
		サービス職	−.048**	−.049**
		事務職(基準)		
		専門職	.017	.018
		管理職	.022	.019
		その他	.004	.004
	企業規模	中小企業	.001	.002
		大企業(基準)		
		官公庁	.033*	.035*
		わからない	−.001	.000
	労働時間		−.095**	−.095**
	所得		.159**	.155**
職務特性	他者援助性		.067**	.063**
	創造性		.120**	.111**
人の性格	向上心			.055**
調整済み R^2			0.098	0.100

注)$N=4{,}193$, **: $p<0.01$, *: $p<0.05$, †: $p<0.10$.

意味のあるしかも顕著な低さなのである。最後は労働時間であるが、長時間労働すれば仕事の満足度が低下することを示している。これも直感と合致するので、説明は加えないでおこう。

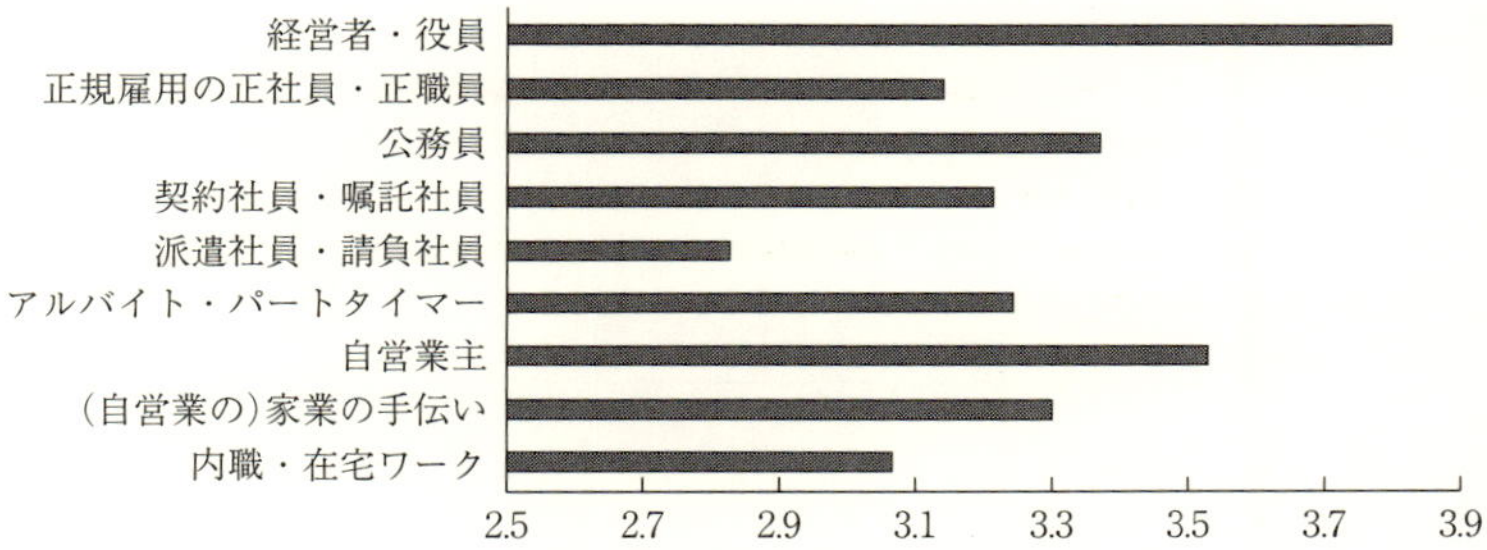

図 4-3　雇用形態と仕事満足度

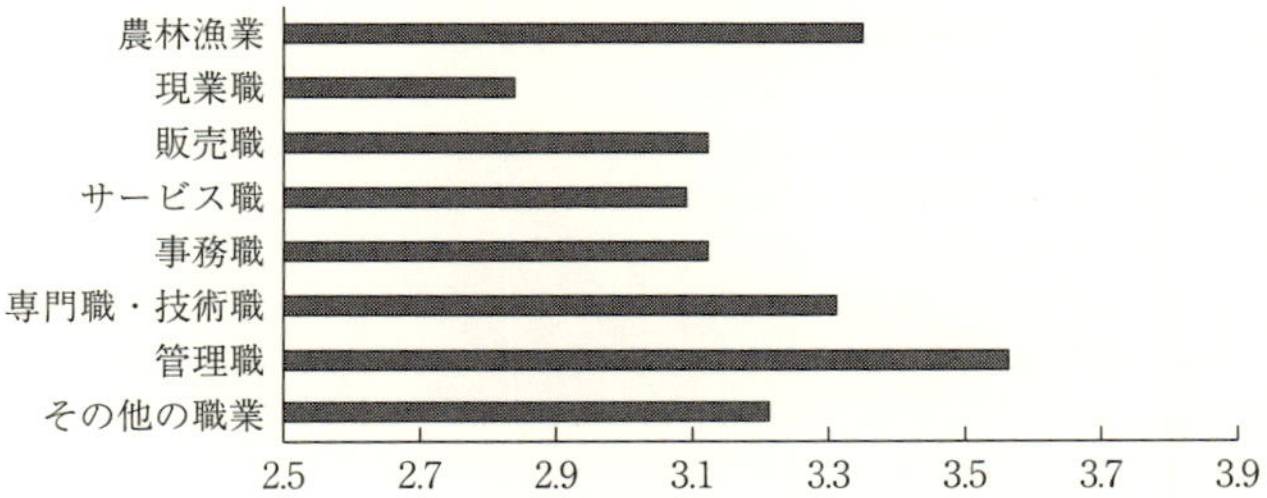

図 4-4　職業と仕事満足度

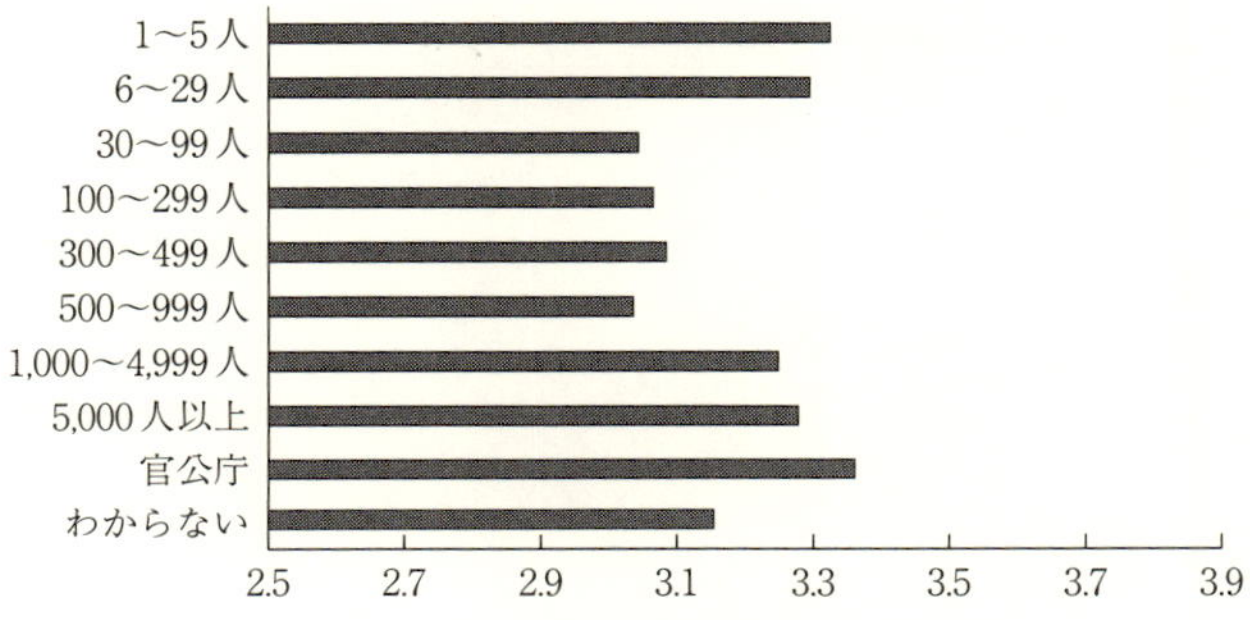

図 4-5　企業規模と仕事満足度

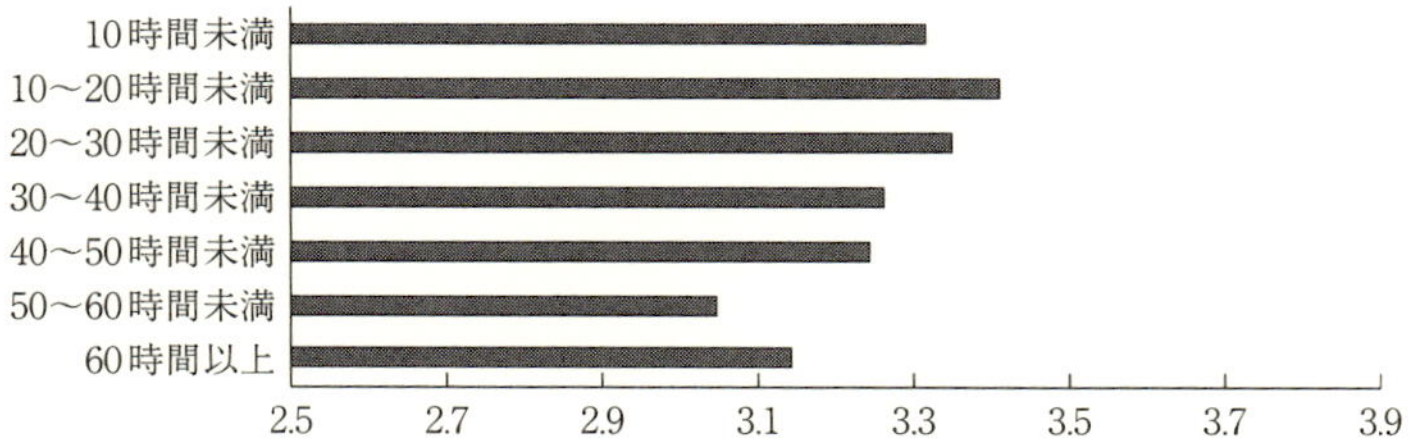

図 4-6　労働時間と仕事満足度

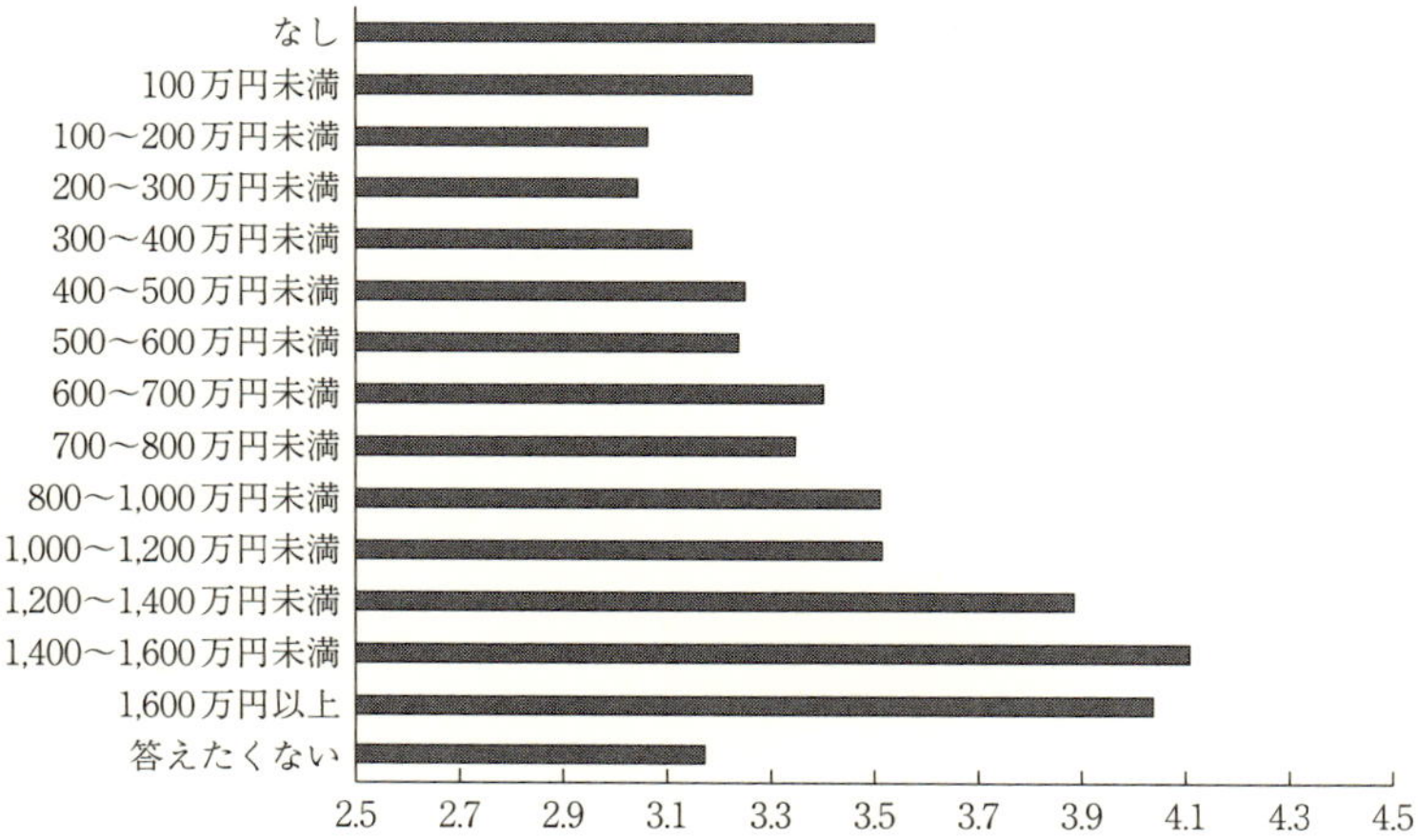

図 4-7　所得と仕事満足度

第5章　仕事のやりがいと満足感

1 「やりがいの搾取」という労働問題

第4章では、他者援助を行う仕事をしていると仕事満足度が高いということを確認した。そのことと関連して、本章では、現代的な労働問題である「やりがいの搾取」を取りあげていこう。

「仕事にやりがいがありますか」——こう聞かれるとみなさんはどう答えるだろうか。多くの人が人生のかなりの時間を仕事に費やしているが、残念なことに、やりがいをもって仕事をしているとは限らない。やりがいがないどころか、働くことに多大な苦痛を感じている人もいるだろう。経済学では近代経済学もマルクス主義経済学もこのことを議論の出発点としており、『いま、働くということ』(橘木 二〇一一a)は、この事実をもっと考慮すべきと主張している。

やりがいがあるということは幸福であるはずだが、現代では、やりがいが利用された「やりがいの搾取」の存在が明らかにされている(阿部 二〇〇六、二〇〇七、本田 二〇〇八)。「やりがいの搾取」とは、企業が巧みな労働管理を行い、仕事を労働者にとって楽しくやりがいのあるものにして、低い賃金でも満足させることをいう(阿部 二〇〇六、二〇〇七、本田 二〇〇八)。たとえば、阿部(二〇〇六)では、企業が業務にゲーム性をもたせることで、危険な仕事にもかかわらずバイク便ライダーたちが安い賃金で働いていることを明らかにした。また、阿部(二〇〇七)では、やりがいを感じるような労働環境を企業が作り上げることで、ケアワーカーたちが安い賃金でも献身的に働いていることを示した。

それでは、「やりがいの搾取」はどのようにして生み出されるのであろうか。ホックシールド(Hochschild 1983＝2000)や、阿部(二〇〇六、二〇〇七)、本田(二〇〇八)は、客室乗務員やケアワーカーなどの例を挙げ、対人労働と「やりがいの搾取」が密接に関連することを示唆してきた。現代の日本では、サービス産業の比重が大きくなり、広く対人労働が行われている。そのため、対人労働そのものが「やりがいの搾取」の原因であれば、その労働のあり方を再考する必要があるかもしれない。

2 なにが「やりがいの搾取」を生むか

(1) 労働社会学での議論

では、「やりがいの搾取」はなぜ対人労働で行われやすいと考えられてきたのか。これを理解する上で、その人のパーソナリティ(人格)や、感情、やりがい、というプライベートに着目したホックシールド(Hochschild 1983＝2000)の議論を紹介したい。とくに、農業社会から工業社会へ、工業社会からサービス産業社会へ、という二つの移行期に着目して説明をしたい。

まず農業社会では、プライベートと労働とは明確には分離していなかったが、工業社会に移行するなかで、プライベートと労働は分離していく（Hochschild 1983＝2000）。農業社会では、職場と住居が近接していることも多かったが、工業社会では工場や会社へと通勤する必要があり、職場と住居が明確に分かれる。そして、工場でのライン業務を典型として、労働者は機械の一部のように製造作業に組み込まれていった。一方、個人としてのやりがいや楽しさは、このような無機質な職場ではなく、職場の外のプライベートな領域で実現するものと考えられていく。

それが、工業社会からサービス産業社会へと移行するなかで、プライベートと労働の関係は再編されることになる。ミルズ（Mills 1951＝1957）は、アメリカ社会がサービス産業社会へと移行すると、対人労働において、働く人が「どのような人なのか」という人格（パーソナリティ）もが労働に取り込まれたと指摘した。たとえば、信頼できる人であるか、やさしい人であるか、という人格が、労働として評価されていくようになる。以前はプライベートなものとして労働の外部におかれていた人格（パーソナリティ）を、対人労働は労働の内部に取り込んでしまったというのである。

さらにサービス産業社会が発展していくなかで、プライベートを労働に巧みに取り込む労働管理が発展する。このときの労働を、ホックシールド（Hochschild 1983＝2000）は対人労働のなかでも、感情労働として整理している。すなわち、企業の労働管理が巧みに行われることで、労働者はその職務にふさわしいとされる感情を身につけさせられる。それにより、接客が楽しいこと、仕事にやりがいがあることが労働の一部になっていく。いわば、労働の場に自分の感情を持ち込むよう求められているのである。そして、労働の領域と自分の感情というプライベートな領域との境界がなくなり、労働者は自分のやりがいとして仕事に没入してしまうことを明らかにした。これは、工業社会において労働とプライベートとが切り離されていたことと対照的である。

そして、ホックシールド(Hochschild 1983＝2000)の議論をもとに、巧みな労働管理が行われることにより、賃金評価が低くおさえられているのではないかという疑念が浮上していく(Steinberg 1999、渋谷 二〇〇三、阿部 二〇〇六、二〇〇七、本田 二〇〇八)。つまり、やりがいというプライベートなものが、労働管理で利用されているにもかかわらず、労働とはみなさないことで、賃金がおさえられているのではと指摘されたのである。阿部(二〇〇六、二〇〇七)、本田(二〇〇八)では、近年の日本の労働においても、対人労働のなかのやりがいが労働管理に利用され、賃金に見合わない労働を引き受けさせていることを指摘する。

以上の議論からは、対人労働が「やりがいの搾取」につながりやすいことが示唆される。

(2) 現代の「やりがいの搾取」

それでは、対人労働が「やりがいの搾取」を引き起こすと結論づけてもよいだろうか。日本では、対人労働や感情労働以外にも、労働とプライベートを融合する労働管理が広がっていると指摘されている(渋谷 二〇〇三)。渋谷は、工場で人と接することのない労働者に対しても、客の喜ぶ笑顔を思い浮かべながら働くように要請している労働管理の例を挙げる。つまり、モノを作る場面でも仕事とプライベートの分離を再編する動きが広まっているのである。ここからは対人労働や感情労働だけに「やりがいの搾取」がみられるとはいえなくなっていることを読みとれる。

また、「やりがいの搾取」の議論を行っている本田（二〇〇八）は、対人労働そのものではなく、趣味性、ゲーム性、奉仕性、サークル性・カルト性という仕事の特徴が「やりがいの搾取」と関連すると指摘する。趣味性とは自分の好きな仕事であること、ゲーム性とはゲームのような楽しさを伴うこと、奉仕性とは他人を助ける仕事であること、そして、サークル性・カルト性とは熱狂的な楽しみを感じる仕事であることを指す。たとえば、阿部（二〇〇六）が注目したバイク便ライダーは、ゲーム感覚でバイク便にのめりこんだということになるだろう。

このように、渋谷（二〇〇三）や本田（二〇〇八）の議論から、いまや対人労働だけが「やりがいの搾取」につながるとは限らないといえるだろう。対人労働でなくても労働にプライベートを組み込む労働管理が行われるときには、どのような仕事でも「やりがいの搾取」が生じうると考えられそうである。

ただし、「やりがいの搾取」の研究は、すでに「やりがいの搾取」が生じている対象者を選んだ質的研究に限られている。そのため、一般的な傾向からは外れた特殊な状況をとらえている可能性がある。そこで、量的研究によって、一般的な傾向としての対人労働と「やりがいの搾取」の関連を明らかにすることで、より「やりがいの搾取」についての理解を深められると考えられる。

（3） 対人労働は「やりがいの搾取」につながりやすいか

以上の議論をふまえ、本章では、対人労働が「やりがいの搾取」になりやすいのか、そして、対人労働のどのような特徴が「やりがいの搾取」になりやすいのかを分析する。

その分析にあたり、賃金満足度に着目していきたい。「やりがいの搾取」という表現をみると、やりがいが搾取の対象のように誤解するかもしれないが、やりがいはあくまで搾取の手段であり、搾取の対象は労働の成果である。したがって、まずは、労働の成果としての賃金を分析対象とすることが適切と考えられよう。ただし、「やりがいの搾取」としてポイントとなるのは、労働条件が同じにもかかわらず、さらにいえば労働条件が悪いとしても、低賃金に満足していることであり、賃金満足度こそが重要な分析対象となる。

次に、賃金満足度を分析対象として、対人労働の何がやりがいの搾取につながるのか、という点に着目したい。というのもこれまでの議論で、対人労働には二つの着眼点がみられたからである。まずミルズ（Mills 1951＝1957）では、対人労働それ自体に着目をしていた。つまり、対人労働であれば、その人の人格（パーソナリティ）が労働の内部に取り込まれるとした。そのため、対人労働が行われていることそれ自体はやはり「やりがいの搾取」につながりやすいのではと考えられる。ただし、現代では対人労働に対して行われていた労働管理の方法が、対人労働に限らず行われるようになったとされている（渋谷 二〇〇三、本田 二〇〇八）。この議論に沿えば、対人労働であろうとなかろうと賃金満足度は変わらないという結果が予想できる。

さらに、対人労働の程度ではなく対人労働の自律性に着目した議論がある。ホックシールド(Hochschild 1983=2000)は、人にやらされるのではなく、自律的に自らのやりがいと結び付けて対人労働を行うときに、仕事にのめりこみやすいとした。本田(二〇〇八)は、趣味性、ゲーム性、奉仕性、サークル性・カルト性に着目したが、これらも自律性を伴っていると理解できるだろう。ここから、単に対人労働の程度を把握するのではなく、対人労働の自律性を把握することの重要性が指摘される。そのため、対人労働そのものではなく、対人労働の自律性が高いときに「やりがいの搾取」が生じやすくなると考えられる。

以上の整理から、対人労働と「やりがいの搾取」との関連について、次の仮説に着目して検討していく。

仮説1　対人労働の程度が大きいかどうかによらず賃金満足度は変わらない
仮説2　対人労働の自律性が高いと賃金満足度が高い

3　対人労働に注目した分析をするには

(1)　全国調査

分析に用いる調査データは「SSP-I　2010調査(二〇一〇年格差と社会意識についての全国調査(面接))」(SSPプロジェクト　二〇一三)である。この調査は、全国の二五～五九歳男女三五〇〇人を対象に、層化多段無作為抽出・面接法を用いて、二〇一〇年一二月〜二〇一一年四月に実施したものである。有効回収は一七六三、回収率は五〇・四%である。このうち、本章では分析をする上で欠損のない八七九名の回答を用いた。

(2) 賃金満足度と関連する変数

分析に用いる変数の詳細は、章末の表に示した(表5-3)。

従属変数となるのは賃金満足度である。賃金満足度は一点から五点の点数で回答を求め、平均値は三・一(標準偏差一・二三)となった。どちらともいえない(三点)を中心に分布しているが、それよりは満足している人が多いといえるだろう。

ひとつめの独立変数は、対人労働の程度である。対人労働の程度は、仕事で人と接する程度がどのくらいあるかによって測定した。具体的には「おもに自分でモノを作ったり扱ったりしている」(一点)から「おもに人と接したりコミュニケーションをとっている」(四点)の選択肢から回答を求めた(平均値二・五、標準偏差一・一八)。

ふたつめの独立変数は、対人労働の自律性である。対人労働の自律性には長松(二〇〇八)が作成した指標(DOTコード)を用いた。これはアメリカの労働省が作成した職業名辞典(United States Department of Labor 1977)をもとに仕事がどのくらい複雑であり、状況に応じた判断を求められるかを測定した指標である。仕事の複雑性と呼ばれることもある。複雑性の高い順に、医者や弁護士が行うような「専門的助言指導」、業者との打ち合わせなどの「交渉」、教育や指導などの「教示」、業務の指示や作業監督を行う「管理・監督」、舞台で他者を楽しませる「慰安」、商品の説明などの「勧誘・説得」、他者と情報の交換を行う「報告・伝達」、客の注文を受けるなどの「奉仕・世話」、業務の指示を受ける「指示の受け取りや援助」、「重要な関係はなし」である。このように、対人労働の自律性は仕事の具体的な内容によって順序付けられる（章末表5–4参照）。

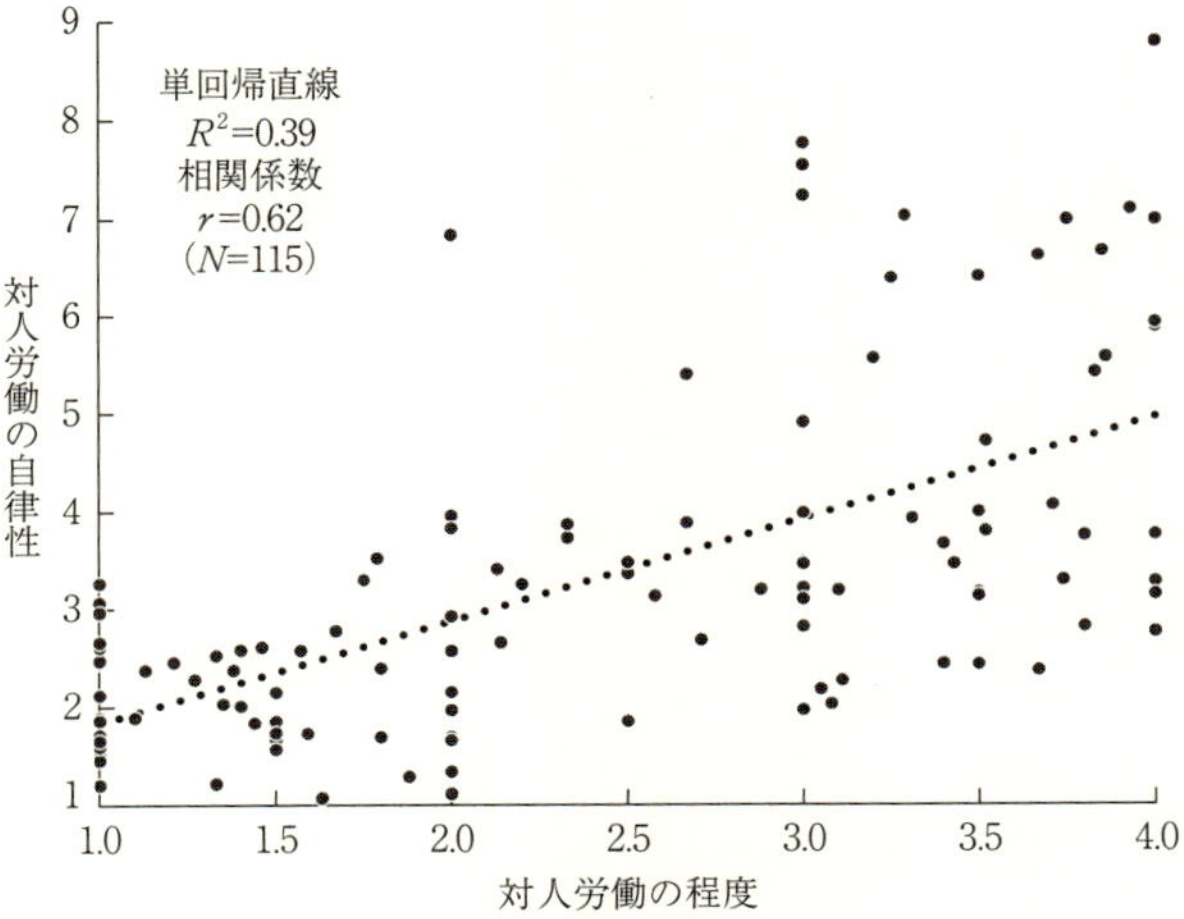

図 5–1　対人労働の程度と対人労働の自律性の関係

図5–1には、対人労働の程度と、対人労働の自律性の関係を示した。対人労働の程度は職業ごとの平均値で示している。この図から示されることとして、まず、対人労働の程度が大きくなるほど、対人労働の自律性も上がる傾向がみられる。相関係数でみても、〇・六二と相関が高いといえる。つまり、対人労働を行うことが多いほど、他者を管理したり他者にアドバイスをするような対人労働の自律性が高くなることを示している。

コントロール変数となるのは、職業の女性比率、性別、労働時間、雇用形態、就業継続期間、企業規模、教育年数、家族、職業階層帰属意識である。感情労働論では、女性向きとされる職業か、男性向きとされる職業かという性別職域分離のあり方は職業の特性を決める重要な特徴とされており(Hochschild 1983=2000)、分析では職業の女性比率を用いていく。職業の女性比率は国勢調査(二〇〇〇年)の職業小分類から算出し、SSP-I調査データの職業小分類に割り当てて分析に用いた。女性比率のきわめて高い職業として、看護師や保育士、家政婦(夫)などがある。一方、女性比率の低い職業として、運転作業者などがある(高松 二〇一二a)。

(3) マルチレベル分析

分析にはマルチレベル分析を用いる(Raudenbush and Bryk 2002; Enders and Togifi 2007)。マルチレベル分析とは、個人の情報と、個々人が所属するグループの情報とを統計的に分けて分析できる方法である。そして、本章では職業小分類をマクロ水準とするマルチレベル分析を用いる。どのように対人労働を行っているかに関しては、同じ職業であっても個々人で異なることも多いため、マルチレベル分析を用いて分析を行うことが望ましい(Brotheridge and Grandey 2002、高松 二〇一二b)。たとえば、高校教師が二人いる場合、学生とのコミュニケーションの取り方は個々人で異なるものとなるだろう。職業上、高校教師としてふさわしいコミュニケーションの範囲があるが、そのなかで、個々の高校教師でコミュニケーションの取り方は異なる、というわけである。ある職業についているために共通する部分もあるし、個々人の特性もあるだろう。こうした職業と個人の関係から、マルチレベル分析を実施することが適切な方法といえるだろう。なお、マルチレベル分析にも分析の方法はさまざまあるが、本研究では、マクロ水準とミクロ水準の両方の特徴を分析することに適しているハイブリッド・モデルを用いる(三輪・山本 二〇一二など参照)。

4 対人労働は賃金満足度を上げるか

表5-1は、本分析を行う前の診断として行ったヌル・モデルの結果である。ヌル・モデルとは独立変数を投入していないモデルである。この分析により、級内相関係数(Intra Class Correlation: ICC)が算出される。級内相関係数とは、マクロ水準のグループ内での、個人間の類似性を示している。この値が低ければ、より単純なモデルの重回帰分析を行えばよいのだが、この値が高ければマルチレベル分析を行うメリットが大きい。級内相関係数は〇・〇五六という、やや低いもののマルチレベル分析を行うに適した値となった。さらに切片も有意な効果をもつことが示された。以上からマルチレベル分析を行うことが妥当といえる。

次に、表5-2の分析結果をみていこう。注目するべき変数は、対人労働の程度と、対人労働の自律性である。賃金満足度を従属変数とするマルチレベル分析の結果をみると、対人労働の程度は有意にマイナスの効果がみられ、対人労働の自律性はプラスに有意な効果がみられる。なお、賃金満足度の分析では、独立変数として対数賃金を投入している。そのため、賃金水準が一定であるなら、対人

表 5–1　賃金満足度を従属変数とするマルチレベル分析（ヌル・モデル）

	賃金満足度	
	係数	標準誤差
切片	3.131**	0.055
級内相関係数（ICC）	0.056	0.027

注）**: $p<0.01$，*: $p<0.05$，†: $p<0.10$，$N=879$，グループ数＝115.

表 5–2　賃金満足度を従属変数とするマルチレベル分析（フル・モデル）

		賃金満足度	
		係数	標準誤差
切片		2.601**	0.107
レベル 2（職業レベル）			
女性比率		−0.001†	0.001
対人労働の自律性		0.185**	0.029
レベル 1（個人レベル）			
対人労働		−0.130*	0.057
労働時間		−0.006*	0.003
雇用形態	経営者	−0.087	0.273
	正規雇用	−0.084	0.155
	パート・アルバイト〔基準〕		
	契約・派遣	−0.240†	0.248
	自営業	−0.193†	0.209
就業継続期間		0.007	0.005
企業規模	中小企業〔基準〕		
	中堅企業	−0.311*	0.123
	大企業	−0.120†	0.132
	官公庁	−0.018†	0.268
教育年数		0.011	0.027
家族	配偶者同居	−0.014	0.107
	子ども同居	0.089	0.119
職業階層帰属意識		0.134**	0.028
対数賃金		0.174*	0.079
級内相関係数（ICC）		0.007	0.016

注 1）**: $p<0.01$，*: $p<0.05$，†: $p<0.10$，$N=879$，グループ数＝115.
2）レベル 1 の変数はグループ平均で中心化した.

労働を多く行うと賃金に対する不満が高まることが示されている。一方、対人労働の自律性が高いと賃金に対して満足しやすくなる。

以上をまとめると、対人労働の程度が高い場合には賃金満足度が低くなる傾向が示された。また、対人労働の自律性が高い場合には賃金満足度が高くなる傾向が示された。

5　対人労働の二つの側面

本章では、「やりがいの搾取」における対人労働の影響について検証した。その結果、対人労働を行う程度が多いほど賃金満足度は低いこと、一方、対人労働の自律性が高いほど賃金満足度が高いことが確認された。

第一の、対人労働を行う程度が多いほど賃金満足度が下がるということは何を意味するだろうか。渋谷(二〇〇三)や本田(二〇〇八)の議論では、かつては対人労働に対して行われていた労働管理の方法が、いまや対人労働に限らず行われるようになったとされている。この議論に沿えば、対人労働であろうとなかろうと賃金満足度は変わらないという結果が予想できたが、分析の結果は異なり、対人労働を行うと賃金満足度が低くなるというものであった。

さらにいえば、対人労働を行うほど、その労働条件に対して賃金に満足できない状況があることがうかがえる。少なくともこの結果は、対人労働を多く行うこと自体が、「やりがいの搾取」に直結するわけではないことを示している。そして、分析上は十分な検討はできていないが、労働条件に対して十分な賃金が支払われていない、単純な意味での「搾取」が生じている可能性さえある。

一方、第二の知見として、対人労働の自律性が高いときに賃金満足度が高いことが確認され、対人労働のなかでも、自律性が高いときに「やりがいの搾取」が生じやすいことが示唆された。第一、第二の知見を合わせると、対人労働では不十分な賃金のためか賃金に満足しないのだが、そのなかにあって自律性を伴う対人労働の場合は賃金に満足するという状況であり、対人労働と「やりがいの搾取」との関連は限られた状況で生じることが示された。

なお、十分に賃金が支払われる対人労働では、たとえ「やりがいの搾取」とはいえないとしても、「バーンアウト」の危険性がある点については補足しておきたい。バーンアウトとは、非常に熱心に仕事に打ち込み、燃え尽きてしまう状況をいう。ホックシールド(Hochschild 1983＝2000)でも、非常に熱心に働の自律性が高い仕事に打ち込みすぎることでバーンアウトにつながることが指摘されている。たとえば、医者が十分な賃金のもと働きすぎるとき、「やりがいの搾取」ではないと考えられるが、献身的な労働を続けるなかでバーンアウトにつながりうるのである。

以上をまとめると、単純に対人労働が多いだけではむしろ自分の賃金に不満を持ちやすいが、対人労働を行う際に権限があり自律性が高いときには、賃金への不満が少なくなることが分かった。つまり、単純に対人労働というだけで「やりがいの搾取」につながりやすいわけではないという点で、現代の対人労働全般に対して「やりがいの搾取」を心配する必要はなさそうである。ただし、労働に比して賃金が低いという単純な意味での「搾取」の問題があるかもしれない。一方、自律性の高い対人労働は賃金に満足しやすく「やりがいの搾取」の危険性がある。企業がやりがいや仕事の楽しさの重要性を主張しているときには、賃金が低くないかに注意を払う必要があるだろう。これらの二つの結果からは、対人労働は常に賃金が安いという課題に直面しやすいことを示唆しており、「やりがいの搾取」かどうかに限らず、その賃金水準が妥当であるかを丁寧に検討していく必要があるだろう。

最後に、本章の課題を述べておこう。本章の分析では、データの限界から労働環境についての分析が十分には行えていない。ホックシールド(Hochschild 1983＝2000)で述べられたように、労働内容、直属の上司、企業の運営方針などが対人労働の内容に重要な影響をもつといわれるが、そうした情報を分析に組み込むことはできなかった。また、本章の分析では、対人労働の自律性以外の「やりがいの搾取」の要因については十分に明らかにできなかった。先行研究である阿部(二〇〇六、二〇〇七)、本田(二〇〇八)が述べたようなさまざまな要因についてはさらに検証が必要となるだろう。このような課題はあるが、混迷する「やりがいの搾取」の議論において、本章は実証分析による検討を行って、対人労働との関連を示した点で一定の知見をもたらすだろう。

謝　辞

この研究は、ＳＳＰプロジェクト(http://ssp.hus.osaka-u.ac.jp)の一環として行われたものです。ＳＳＰ-Ｉ　２０１０データは統計数理研究所共同研究プログラム(H24-J-4206)に基づき、ＳＳＰプロジェクトの許可を得て使用しています。また、長松奈美江氏(関西学院大学)から仕事の複雑性スコアの提供を受けました。ここに付して感謝いたします。

労働時間	1日の労働時間，および，週・月あたりの出勤日数から，週当たりの労働時間を算出した．	38.5	16.7
雇用形態	雇用形態は，「従業上の地位」から，経営者・役員を「経営者」，常時雇用されている一般労働者を「正規雇用」，臨時雇用・アルバイト・パート・内職を「パート・アルバイト」，派遣社員・契約社員・嘱託社員を「契約・派遣」，自営業者・自由業者・家族従業者を「自営業」と分類した．	5.2 58.6 20.8 3.9 11.5	
就業継続期間	勤続年数として，現在の勤め先に何年勤めているかを算出した．ただし，外れ値の数ケースを除いたため，勤続年数は0〜45年となる．	14	11.0
企業規模	企業規模は，勤め先の従業員数をもとに，1〜29人の場合を「中小企業」，30〜299人の場合を「中堅企業」，300人以上の場合を「大企業」，官公庁を「官公庁」に分類した．	37.2 28.3 29.8 4.7	
教育年数	教育年数は，最終学歴から算出した．	13	2.0
家族	同居家族から，配偶者同居ダミー，子ども同居ダミーを作成した．	73.6 64.3	
職業階層帰属意識	「職業の社会的評価(仕事をしている方のみ)」について，「現代の日本社会における最高の水準を1，最低の水準を10とすると，現在のあなたご自身はどの位にあたると思われますか」と質問し，10段階で回答を求めた．	5.7	1.61

注）$N=879$.

表 5-3　変数の説明

変数名	説明	平均/割合	標準偏差
対数賃金	過去1年間の個人収入(税込み)から，対数変換を行った．	5.6	0.88
賃金満足度	「あなたはつぎのようなことがらについて，どの程度満足していますか．」という質問から，「自分の収入」について，満足している，どちらかといえば満足している，どちらともいえない，どちらかといえば不満である，不満である，から回答を求め，満足しているほど高い得点となるように1〜5点を割り当てた．	3.1	1.23
対人労働	「そのお仕事では，自分でモノを作ったり扱ったりすることが多いですか，それとも人と接したりコミュニケーションをとることが多いですか．」という質問から作成した．「おもに自分でモノを作ったり扱ったりしている」(1点)，「モノを扱うことと，人とのコミュニケーションが半々ぐらい」(2点)，「どちらかといえば，人と接したりコミュニケーションをとることが多い」(3点)，「おもに人と接したりコミュニケーションをとっている」(4点)という選択肢から回答を求め，人と接しているほど高い得点となるように点数を割り当てた．	2.5	1.18
対人労働の自律性	対人労働に関わる自律性として，長松(2008)で作成された仕事の複雑性の指標(DOT コード)を用いた．この指標は，アメリカの Dictionary of Occupational Title(DOT, Unietd States Department of Labor 1977)をもとに作成されたものであり，技能や仕事の複雑性とも呼ばれる．高い得点ほど，他者に指示したり管理したりすることが多く，権限のある職業となり，逆に低い得点ほど他者に従うことの多い，権限のあまりない職業となる．	3.2	1.42
女性比率	職業の女性比率は，国勢調査(2000年)の職業小分類から算出し，SSP-I 調査データの職業小分類に割り当てた．女性比率のきわめて高い職業として，看護師や保育士，家政婦(夫)などがある．一方，女性比率の低い職業として，運転作業者などがある．	36.3	30.7
性別	女性ダミーを作成した．	44.3	

表 5-4　ヒトに関する仕事の複雑性(もとの得点を反転)

0	重要な関係はなし
1	指示の受け取りや援助：仕事を割り当てる指示や上司の命令を聞く(指示，命令の分類が必要でない限り，即刻の反応は必要とされない).
2	奉仕・世話：人や動物が必要あるいは要求していることや，人が表現したり心で思っている希望に反応する．即座の反応も含まれる. (例)客の注文を受ける
3	報告・伝達：情報を伝えたり交換するために人と話をしたり，合図をする．助手に指摘や指示をすることを含む. (例)上役からの指示を受ける，他の部局からの情報収集，上役に報告する，組合出席，電話連絡，受付
4	勧誘・説得：製品，サービス，主張に賛成するように他の人たちに影響を与える. (例)商品の説明，セールスマン(簡単なもの)，接客
5	慰安：舞台，映画，テレビ，ビデオなどを通じて，他人を楽しませる. (例)音楽家，落語家
6	管理・監督：作業グループのために仕事の手順を決定・説明し，彼らに特定の仕事を割当て，グループ間に円滑な関係を持続させ，効率を上げるようにする. (例)作業命令，作業監督，部下への業務指示，工程管理
7	教示：説明や実績，実践を通して他者(動物を含む)に物事を教えたり，訓練をする．専門分野の技術や知識に基づいて他者に提言する. (例)教育，訓練，セールスの指導
8	交渉：方針や計画を策定したり，決定，結論，解決に協働でたどりつくために，アイデアや情報，意見を他者と交換する. (例)電話交渉，事故処理相談，苦情相談，業者との打ち合わせ，商談，営業
9	専門的助言指導：法的，科学的，臨床的，精神的，他の専門的法則によって解決されるかもしれない問題に対して，アドバイスや助言をしたり，あるいは相談に乗り導くために，その人のパーソナリティ全体を考慮して個人に対応する. (例)コンサルタント，治療，診察，専門教育

注)出典は Kohn and Schooler(1983, pp. 323–324)，訳は吉川他(2009)による.

第6章　余暇から幸福を考える

1　哲学から余暇を評価する

(1) ギリシャ哲学とローマ哲学

第1章において、哲学が幸福をどう考えてきたかを概観した。本章では余暇と幸福の関係を分析するので、哲人が余暇をどう考えてきたかをまず議論する。

ここで余暇とは、人間が二四時間生きていく中で、寝る時間、働く時間、そして生きていくためにすること——例えば食べる時間、料理や洗濯をする時間、風呂に入る時間など——を除いて、自分の裁量で何かをする時間をさす。スポーツに励む人、読書に励む人、ゴロ寝をする人、ボーっとして何もしない人、など人間のすることは様々であるが、これらの時間に何かをすることを余暇と考える。

人類史上最初の哲学はギリシャ哲学であり、それに次ぐのがローマ哲学なので、この両者が余暇をどう考えてきたかを最初に議論しておきたい。

まずギリシャ哲学であるが、ギリシャ哲学の巨人であるソクラテス、プラトン、アリストテレスなどは、人は「ゆとり」を持つことによって幸福になるのであるから、人生は「余裕」をもって生きるべし、ということを主張していた。「ゆとり」ないし「余裕」を余暇と解釈することも可能なので、ギリシャの哲人たちは余暇を大切に生きよ、と言っていたともいえる。ギリシャ語に「スコーレ」という言葉があり、これは通常「閑暇《かんか》」と訳されているが、自由な時間を送るという意味を含んでおり、余暇と閑暇には共通する側面があると解釈しておきたい。

また、「スコーレ」は英語の「スクール」や「スカラー」の語源ともされ、学校・学者という言葉の語源ともなっている。そうであるなら、学んだり読書をしたりして教養を高め、人の資質を豊かにするということにつながっていると考えて、「スコーレ」は自由な時間をムダに過ごさず、教養や資質を高めることに努めるべし、という意味を含んでいるとも考えられる。なお、「スコーレ」は後にスコラ哲学が発展することの出発点にもなっていることを述べておこう。スコラ哲学は暇をどう使えばよいかという哲学でもあるし、それが進展して「ああでもないこうでもない」と屁理屈をこねて遊ぶという哲学にもなったので、「スコーレ」はいろいろな考え方を示唆することになる言葉だったのである。

ギリシャ哲学は、自由な時間を娯楽や遊びに使うよりも、自己を磨くことに精を出し、そして徳のある生活を送ることが幸福につながると考えたのであるから、以前の章でも述べたように「禁欲主義」の思想を持っていたと言ってよい。換言すれば、余暇を自己の教養、倫理、文化の向上に役立つように使うことが、人の幸福につながるという思想がギリシャ哲学の本質だった、ということになる。

しかしギリシャ哲学の後期のエピクロス派は快楽主義であった。

他方、古代ギリシャ哲学に続いた古代ローマ哲学ではどうだったろうか。古代ローマ時代の余暇は、「パンとサーカス」という言葉で代弁されることがある。パンはローマ帝国の強大な権力と国富を背景にして、ローマ市民に安い穀物あるいは食料を提供できたことを意味し、サーカスは円形競技場での戦車競走や闘技場での人間同士、あるいは動物との格闘技や、演劇や踊りの行事などを意味したのである。今日でも映画などでローマの人々が、このような格闘技や興業に興じていたことを知ることができる。現代では「サーカス」という言葉は曲芸を意味するようになっているが、当時は見世物一般をサーカスと称していたのである。

このように理解してくると、古代ローマ時代にあっては、余暇は自分の享楽を満足するために使うべし、という考え方にあったということになる。換言すれば、派手な消費に使い、かつ自己の享楽のために余暇はあるのだ、という考え方である。古代ローマ哲学が基本はストア派で象徴されるような「禁欲主義」であったにもかかわらず、ローマ人は結構快楽主義にあったということになる。評価の困難なのはセネカである。「快楽主義」あるいは「享楽主義」にあったとして、余暇を積極的に支持していたとの理解が可能である。

禁欲主義として第1章で登場したローマ哲人のセネカは、ローマ人が飲酒や性に溺れたり、名誉やお金に執着して派手な消費に明け暮れている姿に対しては批判をしているので禁欲主義を主張したと考えてよい。しかし実生活のセネカは、暴帝ネロの下で政治権力を振るったり、個人生活では蓄財をしたりしたので、言行不一致のところもあり、評価は定まらないところがある。

(2) 中世・近世・近代における余暇の哲学

中世ヨーロッパは、キリスト教の考え方が人々の生き方に大きな影響力を与える時代であった。ここでは余暇をどう考えていたかに注目しておきたい。中世の代表的哲学であるスコラ哲学は、例えば一三世紀のトマス・アクィナスで代表される。彼は快楽を追い求めることを容認するが、身体的な快楽よりも理性的な生活感に立脚して、余暇をより高度で尊い生活にすることで、より崇高な快楽を得ることができる、と考えたのであった。

中世のキリスト教では、ローマ教皇をトップにした支配体制が強くなり、本来の信仰を拠りどころとしたキリスト教精神よりも、世俗的な権力を求める政治活動や経済活動との結びつきが強い時代であった。当時の十字軍派遣はその象徴であり、外地での略奪活動にキリスト教が加担していたのである。ヨーロッパ域内においても、教皇権は封建領主と結びついて、農民をはじめ一般庶民から税金を取って生活を苦しめた。免罪符の発行も、人間精神の堕落を意味したのであった。

こうしたカソリックのキリスト教に対して、ルターやカルヴァンによる宗教改革が起きたことは皆の知るところであるし、その効果については既に述べたので、ここでは文化の世界において、人間復活運動とみなせるルネッサンス運動の意義を述べておこう。文芸や芸術の世界において、才能豊かな作家や芸術家が登場して、新しい魅力的な作品を続々と生み出した。科学の世界においても新発見や新技術の開発が見られた。これら文芸、芸術、科学の世界における新しい動きは、余暇をどう暮らすかということと、密接な関係にあることを強調しておきたい。

人は生きるために働かねばならない、というのは人類発祥の頃からの基本的なことであるが、働かない時間(すなわち余暇)に何をするのか、ということも同時に重要なことであった。ルネッサンス運動は、その余暇を文芸作品の創作、芸術作品の創造に費やして、価値の高いものを生むという活動に人々が意義を感じるようになったことを意味する。

そしてそういう文芸、芸術作品を鑑賞するという楽しみを、多くの人々が得たことも非常に意義深いことであった。古代ローマ時代に、ローマ人が余暇として格闘技や演劇を楽しんだことと同じように、ルネッサンス時代に生まれた文芸、芸術作品を人々が余暇の時間に楽しむことができたのである。現代において、人々が余暇をスポーツ、そして芸術の鑑賞などで楽しむことはごく普通のこととなっているが、その起源はローマ時代、ルネッサンスの時代にまで遡ってよいのである。

ここで当時のヨーロッパにおいて、余暇を評価するに際してエポック・メイキングな思想を提供した作品として、有名なトマス・モア(一四七八―一五三五)の『ユートピア』を紹介しておこう。この作品では、一日の労働時間を六時間(午前と午後に各三時間)、昼休みを二時間とするのが理想とされた。睡眠時間を八時間とすれば、余暇時間は昼休みの二時間を含めて合計一〇時間となる。もっとも食事やその他生活のための時間もあるので、純粋の余暇時間はもう少し短くならざるをえない。しかし、モアの考えた理想の生活は、働く時間を短くして余暇時間を長くする、というものであったことには違いない。

しかもモアは、それら余暇を快楽に費やすのではなく、自由な時間を有効に使って精神の高揚と教養の向上に励むことが望ましいと考えた。従って、酒場や売春場、賭博場などはない世界を考え、娯楽はせいぜい散歩か読書ということを想定したのである。余暇時間の暮らし方について、モアは古代ローマの快楽主義あるいは享楽主義よりも古代ギリシャの禁欲主義の方を好んでいたと言ってよい。今日ではモアの「ユートピア」は「理想郷」の代名詞になっているほどである。中国においても「桃源郷」という「理想郷」を考えた作品もあった。

ここで、マルティン・ルター(一四八三―一五四六)とカルヴァン(一五〇九―六四)による宗教改革について述べておく必要がある。「勤勉」と「倹約」を二大モットーにしてプロテスタンティズムは人の生き方を説いたことは第1章で明らかにしたが、余暇に関して新教はどのようなことを考えたのであろうか。「勤勉」と「倹約」を勧めるということは、質素な生活を送ることが人生にとって好ましいということである。余暇で派手な消費に走ることなく、かつ「勤労」がうまくできるように身体と心の準備を十分にしておくことが望ましいのである。つまり、労働を終えた日は早々に帰宅して休息をとり、明日の勤労に備えて早く就寝して、翌日の労働を心身ともに充実して迎えることができるように、という生活である。夜に飲酒・豪華な食事などをして夜更かしして騒ぐことは、休息に値しないとしたのである。余暇の時間は当日の労働を癒すことと、翌日の労働に備えて休息に、というのがプロテスタントの勧める余暇観だったのである。

余暇に関しては、一つの重要な考え方が、近代オランダの歴史家であるホイジンガ(一八七二―一九四五)によって提示されている。ホイジンガはその著書『ホモ・ルーデンス』の中で、人間の本質は遊びにあるとして、「遊び」こそが動物と人間を区別する本質的違いと主張した。ここでは拡大解釈して、遊びを楽しんで気晴らしをすることが大切で、それが気分をすっきりさせることにつながり、翌日の労働にうまく結びつくと考える。ちなみに「ホモ・ルーデンス」は「ラテン語」で「遊び人」を意味するのであり、ホイジンガは気持ちよく働くためにはしっかり遊んで、新たな気分で労働に臨むべきと考えたのである。このことは、働きづめで疲労気味の中での労働よりも、遊びを楽しんだ後の新鮮な気分で労働した方が、かえって労働の生産性が高くなる、という発想と理解してよい。

実は、それ以前、フランスの哲学者パスカルは、「気晴らし」の重要さを説いていて、これはホイジンガの思想につながるところがある。しかしパスカルの「気晴らし」を上記のような解釈をせずに、パスカルの「気晴らし」は「慰戯(むなしい遊び)」と解釈した方が正しい、という説もある。例えば、薗田(二〇〇四)は、空虚で何にも役に立たず、かつ低級な遊びに没頭するような「気晴らし」を念頭においた解釈である。

ホイジンガとパスカルの遊びに対する考え方は、遊びという行為には二つの異なる見方が成立する、ということを暗示している。すなわち、①人は遊ぶことによって気分の転換を果たせる、または、②遊びはそれに埋没してしまって、気分転換にならない可能性がある、という二つの見方である。

この二つの見方のどちらが正しいかは、遊びの種類による。例えば、体力を大きく使う遊び(ハ―

ドなスポーツなど）であれば、むしろ疲労して翌日の労働に差し支えることがあるし、お金を多く使う遊びであれば、生活の破壊につながる恐れがある。別の視点としては、働くことと遊ぶことの時間の配分をどうするかにもよる。さらに、遊ぶ人の性格にも依存し、働くことと遊ぶことの切り替えをうまくできる人とそれのできない人の差も影響を与える。ここで述べたことは、次に述べる日本人の余暇（特に遊び）を評価する際に重要な基準となるので、記憶していてほしい。

最後に、これまで述べてきた余暇に関する哲学的な見方をまとめておこう。これは現代における余暇に関する哲学の到達点といってもよく、デュマズディエ（Dumazedir 1962＝1972）によるものである。余暇は次の三つの機能を持つと考えてよい。すなわち、①休息、②気晴らし、③自己開発、である。これらはこれまで論述してきたことを要約する言葉となりうるので、解説は簡単にすませておく。

第一の「休息」は、プロテスタンティズムの倫理に象徴されると考えてよく、翌日の勤務に備えて静かに休養することが余暇の第一義であると考える。すなわち今日の厳しい労働で痛んだ心身を癒すことが大切なので、余暇は休息のためにあるべきだとする。正に勤勉を促進するために休息が必要なのである。

第二の「気晴らし」は、働くということは多くの苦痛を伴うことなので、その苦しみを忘れるために趣味やレジャー活動という快楽を味わうことが大切だと考える。このような楽しみがあれば、人々は翌日の労働にも新鮮な気分で取り組むことができるのである。

第三の「自己開発」は、トマス・モアで代表されるように、自由な時間を精神の高揚と教養の向上に充てることが余暇の役割という考え方である。それを現代に即して述べると、自己の可能性を高めるために、知識の探求や技能の習得に努めるのである。これには二つの種類があって、一つ目は自己の労働者としての資質を高めるため(例えばパソコン技術の向上や語学の習得)、二つ目は働くための資質の向上ではなく自己の教養と趣味(例えば茶道・華道を学んだり、歴史や文学、芸術に親しむこと)を深めるためのものである。

なお、デュマズディエの三つの種類に加えて、第四に「ボランティア活動」が余暇の過ごし方として台頭していることを述べておきたい。報酬を求めることを目的とせず、他人や社会に役立つ行動をすることで貢献するということである。いわば意図的に奉仕活動にコミットすることであるから、誰かに強制された上での行為ではないので、無償での生きがいを求める性格を有する。

余暇を理解する上での以上四つの基本的な考え方の相違は、余暇からどのような「幸福」を得るかということを評価する際に、重要な視点を提供するものである。次節で日本人が余暇をどのように楽しんでいるかを論じる際に、参考になるものと思われる。

2　余暇と幸福感

(1)　経済学における余暇

経済学では労働供給(すなわち労働時間)をどれだけするのか、という決定プロセスを次のように考える。一日のうち労働可能な時間（H、通常は二四時間マイナス睡眠時間）のうち、労働時間（l）と余暇時間（x、ここでは働かない時間と考えた方がよい）をどう配分するかを決定するのである。この決定プロセスで効力を発揮する概念は効用関数（U）である。Uは、$U=U(c, H-l)=U(c, x)$と書くことができる。ここでcは消費である。本書の内容に即して効用関数を変換すれば、効用は満足、ないし幸福と理解してよい。

経済学は効用を最大化する行動を考えるので、幸福を最大化するような労働時間、そして余暇時間を決定するメカニズムを考えることとなる。その際、消費が増大すれば効用（幸福）が増加し、また、余暇が増加すれば効用（幸福）が増加する、という前提を置く。この前提は多くの人にとって不自然ではないであろう。

ここで一つの制約条件が付加される。すなわち、貯蓄や課税を考えなければ$pc=wl$である。ここでpは消費財価格、wは時間当たりの賃金であり、かせいだお金はすべて消費するというモデルである。なおこの理論モデルにあっては余暇の価格が想定されていないことに留意しておこう。消費財の価格は想定できるが、余暇の価格はいろいろなレジャー価格の総合されたものなので、（個々のレジャー価格、例えば野球観戦の切符代などは想定できるが）概念的に想定することは困難である。しかも、ゴロ寝のように価格ゼロの余暇があることも問題を複雑にしている。もっとも機会損失の概念を用いて計算は可能であるが、それには大変な労力を必要とする。従ってここでは余暇の価格には深入りしない。ともあれ、経済学はこの制約式の下で効用関数を最大化するような労働時間、すなわち同時に余暇時間を決定するのである。

経済学の主要関心は、労働時間（l）の決定にある。なぜならば、労働所得の獲得が家計消費に直結するので、一国の総需要を通じて国民所得の決定に寄与するからである。換言すれば、経済成長や景気循環の動向を左右するからである。他方で、余暇時間は決定されたものの、それを何に使用するかに関して経済学はさほど注目してこなかった。自由に使える時間を何に使うのかに経済学はさほど分析をしてこなかったので、ここではそれを埋めようと試みる。

余暇時間をいかに使うかに関して、一つの重要な視点がある。それは有償のレジャーと無償のレジャーの違いである。前者は、例えばプロ野球観戦であれば入場料を支払って楽しむことでわかるように、余暇にも費用が必要である。後者は、例えばゴロ寝で象徴されるように費用がかからない余暇である。前者であれば購入に金銭の授受があるので、経済活動として分析できる。いわば余暇が経済価値を生むので、経済効果としてどう評価できるかが関心となる。スポーツに関しては、確かにプロ野球観戦は経済価値を生むが、仲間と草野球を楽しむ活動は、ゴロ寝と同じ性質を有すると考えてよく、経済価値の計算には困難が伴う。そこで本書では、前者をスポーツ観戦と称し、後者をスポーツの実践とみなして区別する。美術、演劇などに関しても、前者は美術館や演奏会での鑑賞と称し、後者は自分で演奏、制作などをして楽しむことと区別する。

ここで経済価値を生む余暇活動が、日本経済においてどれだけの経済効果を生んでいるのかを確認しておこう。図6-1は、部門別にそれがどれだけの規模に達しているかを示したものである。これ

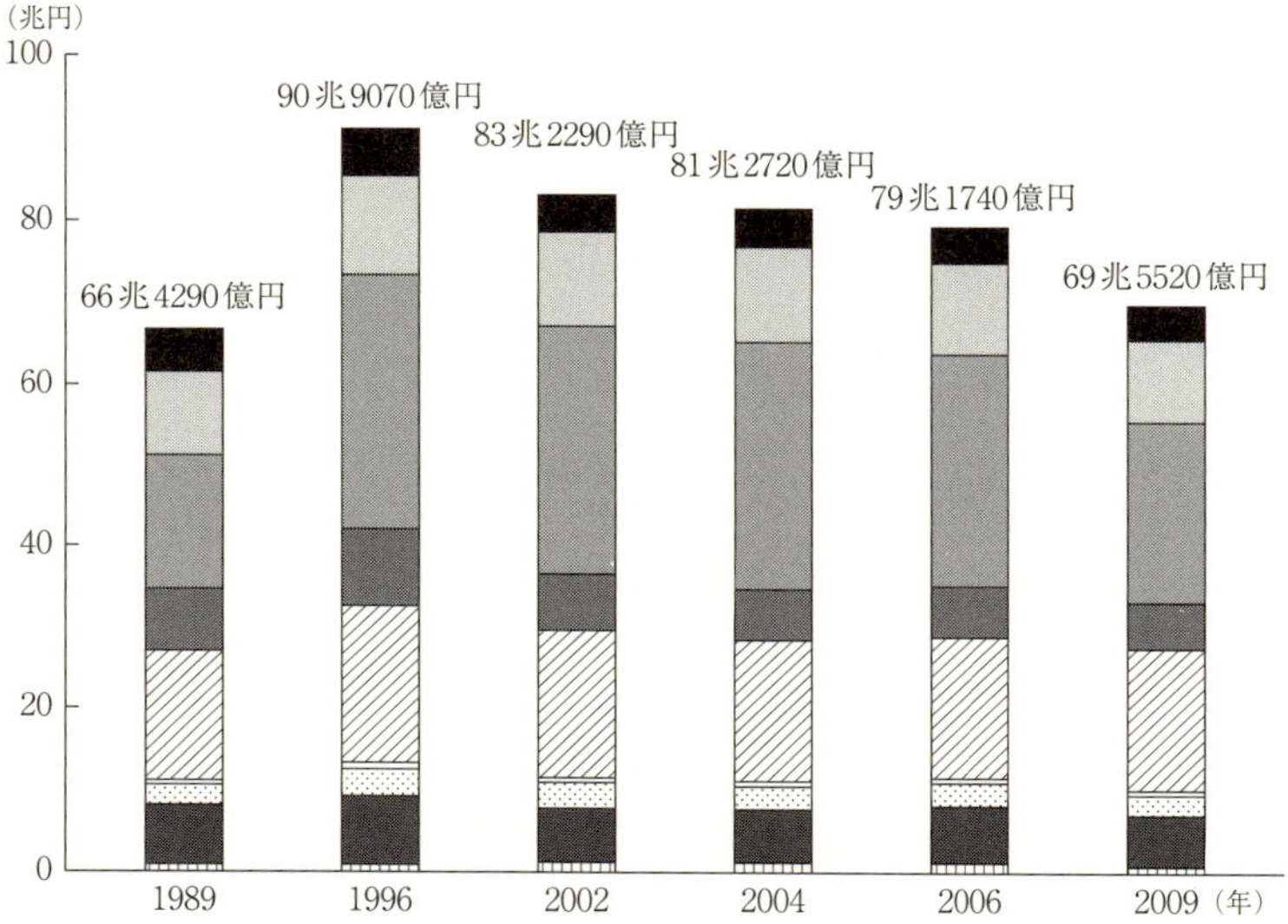

出所）「レジャー白書2010」.

■ スポーツ部門　■ 娯楽部門(公営競技等)　□ 観光部門(自動車)
□ 趣味創作部門　▨ 娯楽部門(飲食)　■ 観光部門(国内)
■ 娯楽部門(パチンコ等)　□ 娯楽部門(その他)　□ 観光部門(海外)

図 6-1　余暇市場の推移

らは余暇産業の規模とみなしてよい。一九八九(平成元)年に余暇産業の規模は約六六兆円であり、一九九六(平成八)年には約九一兆円に増加したが、その後減少の傾向を示していることがわかる。現在は八九年の水準に戻ったと言ってよい。この期間の余暇産業は、前半期に正の成長を示したが、後半期には負の成長を示した。これはマクロの日本経済と同じ動向である。余暇産業と一国のマクロ経済は一体となって動いていることがわかる。

興味深いことは、部門別に

見たときのウェイトの大きさである。もっともウェイトの大きい部門は娯楽部門（パチンコ等）である。これはパチンコ、ゲームセンター、カラオケセンターなどの遊興施設における遊びからなる部門であり、余暇産業のおよそ三分の一を占めている。日本人がこれらの遊びに熱心であることは皆の知るところである。次に高いものは同じく娯楽部門でありながら、既に挙げたパチンコなどの遊興施設での娯楽以外の娯楽である。例えば動植物園や遊園地などが該当する。むしろ重要なことは、この第一位と第二位を合計した娯楽部門の総計が六〜七割のウェイトに達していることにある。日本人の余暇活動の大半は遊興施設での楽しみに費やされているのである。これらの活動は産業としての価値も高く、一国の経済への貢献も大なのである。

次にウェイトの高い部門は、映画、音楽、演劇、読書などの芸術や文芸を楽しむといった趣味創作部門である。いわゆる文化活動とみなしてよい。興味深い点は、スポーツ部門の方が文化部門よりややウェイトの低いことである。日本人には野球やサッカーなどのスポーツに関心の高い人が多く、しかもそれらに熱狂するファンのことがよく報道される。しかし、実態は、スポーツ部門よりも文化部門の方が余暇市場としては、経済規模が少し大きいのである。経済の価値で評価すると、日本人の間ではスポーツ活動よりも文化活動の方が貢献度が高いのである。

意外なのは、国内と海外の双方を含めた観光部門のウェイトの低さである。日本の経済を強くするために観光業の振興がよく叫ばれるが、額として評価したとき余暇活動としての寄与は小さいのである。なぜ日本人が観光に支出する額が低いかといえば、何泊かの旅行を一家で行うとかなりの交通費と宿泊費がかかるので、全家庭の中でこのような旅行をする人の数がかなり少ないことによると考えられる。しかも数の多い単身世帯の観光支出は、その中でも単身の高齢者が多いだけに、それらの人はあまり旅行せず、一人当たりの支出も少額になる。むしろカラオケやパチンコといった娯楽は一度あたりの費用が少額なことから、これらの活動を頻繁に行っていることと、これらの活動をする人の数が多いことによって、娯楽部門の支出額がかなり大きくなるのである。

あるいは次のような解釈も可能である。観光・旅行を行うには費用がかかるので、所得階層で考えれば高所得階層を中心にした人々しか旅行ができないのであり、大多数の庶民階層はあまり旅行を行わないことから、観光部門の総額は意外と少額になるのかもしれない。格差社会が進行している日本において、旅行が高所得階層しか楽しむことのできない幸せであるのなら、それほど好ましいことではない。

最後に、日本人が充実していると感じる活動のうち、「趣味やスポーツに熱中している時」が過去から現在までどう変化してきたかを述べておこう。図6-2は一九八三(昭和五八)年から二〇一三(平成二五)年までの間に、充実度がどう変化したかを示したものである。既にこの図は前の章で解釈したので、ここでは趣味やスポーツから得られる充実度のみに注目する。およそ三〇年前には充実を感じる人の比率は二〇%強にすぎなかったが、その後コンスタントに上昇し、現在では四一・六%にまで到達している。現在では他の項目との比較で評価すれば上位四位にすぎないが、他の項目よりもややその上昇度が急である。これはすなわち、趣味やスポーツに熱中しているときに充実(ここでは幸福度と同じではないが近い感情とみなしてよい）を感じる人の比率が急速に高まっていることを意味している。しかも四一・六％という比率は最上位にいる「家族団らんの時」の四九・九％とそれほど離れた比率ではないし、「仕事にうちこんでいる時」より高い。現代の日本人は「趣味とスポーツ」という余暇活動から満足が得られる人がかなり多いのである。あるいは「仕事をしているときよりも、趣味とスポーツに取り組んでいるときの方が充実している、ないし幸せである」と結論づけることができる。

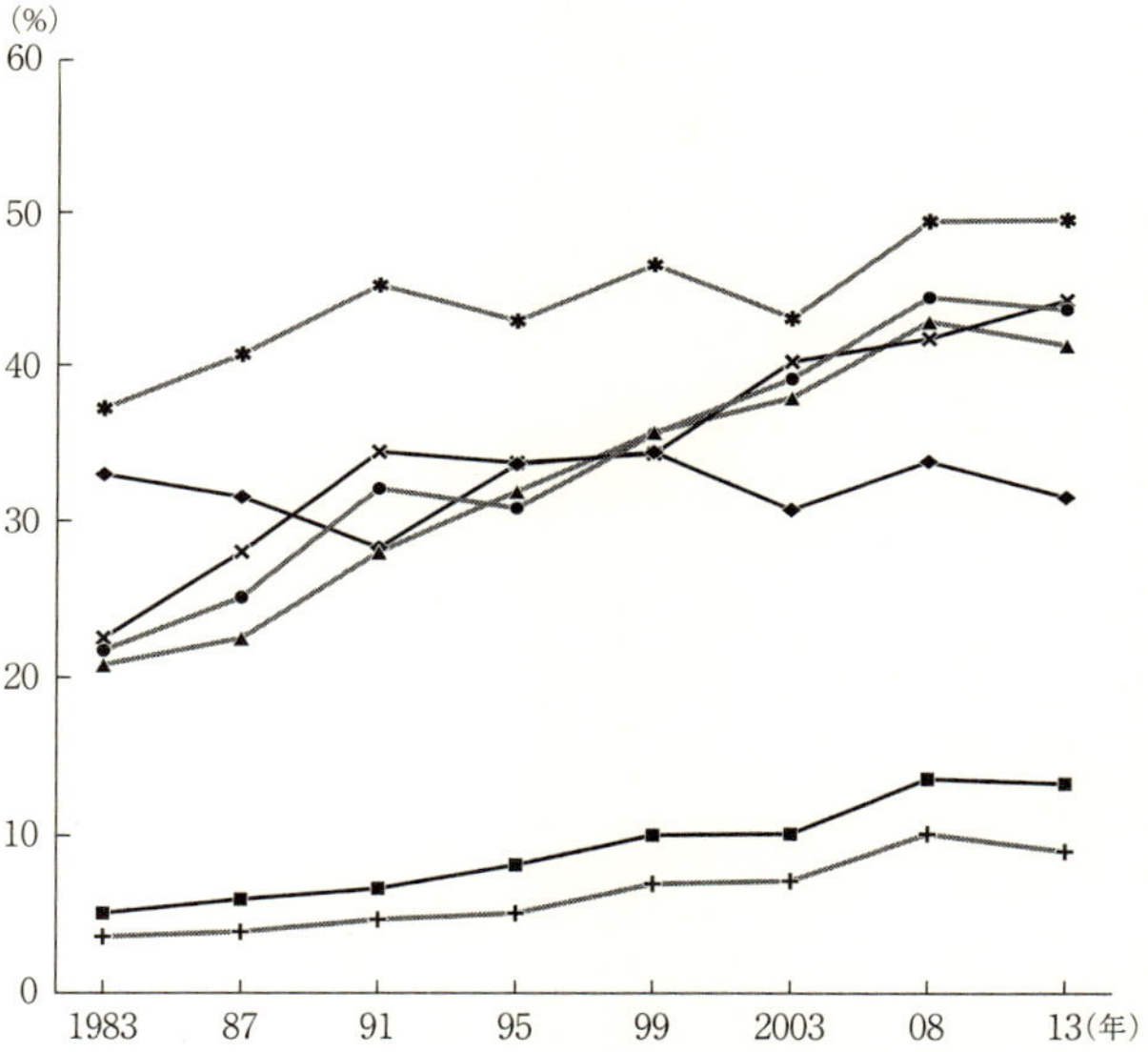

出所）「国民生活に関する世論調査」より筆者作成.

図 6-2　生活のなかで充実感を感じるとき（再掲）

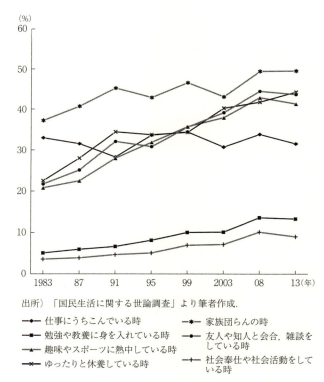

（2） どの余暇活動を楽しんでいるか

日本人はどのような余暇活動に「幸せ」を感じているのであろうか。ここで数多い個々の余暇活動（あるいはレジャー活動）に注目して、人々がその活動にどれほど従事しており、そしてどれほど「幸せ」を感じているかを具体的に調べておこう。

橘木科研調査（六〇頁参照）は、アンケートにおいて以下の二二の活動を取り上げて、従事する程度を問うた。それは、八種類の頻度に区分された問いであるが、次の三種類の頻度に統合して理解を容易にした。①たびたび行った（月に一回以上）、②たまに行った（年に一回以上）、③しなかった、の三つの選択肢での回答である。なお理解を容易にするために、二二種の余暇活動を大きく四種のグループに区分した。それぞれは、①気晴らし活動、②生活に密着した活動、③鑑賞活動、④創作的活動、である。

①気晴らし活動——六種類
趣味としての読書、ゲーム（家で行うもの、携帯用を含む）、その他の趣味・娯楽、スポーツ（テニス・水泳・登山・ゴルフなど）の実践、ギャンブル（パチンコ・競馬・競輪など）、カラオケ
②生活に密着した活動——三種類
園芸・庭いじり・ガーデニング・日曜大工、趣味としての料理・菓子作り、和裁・洋裁・手芸
③鑑賞活動——七種類
スポーツ鑑賞、映画鑑賞、音楽鑑賞、美術鑑賞、遊園地・動植物園・水族館等の見物、演芸・演

劇・舞踊鑑賞、祭への参加・見物
④創作的活動――六種類
楽器の演奏、絵画・彫刻などの制作、コーラス・声楽、詩・和歌・俳句・小説などの制作、書道・華道・茶道、舞踊（邦舞、洋舞）

ここで四種のグループの意味を解説しておこう。①気晴らし活動は、既に紹介したパスカルを意識している。すなわち、今日の苦しみを忘れるための快楽であり、明日働くための気分転換に役立つ活動を、気晴らしとみなす。他の三つの活動も、大なり小なり気晴らしになる活動であるが、それぞれは他の積極的な理由で区分けできるので別のグループとした。②生活に密着した活動は、家庭にいながら出来ることが多いし、暮らしを豊かにする活動である。③鑑賞活動は、自分が行うのではなく他人やプロの行っていることを鑑賞する、という特色がある。④創作的活動は、自分で行う行為であるし、何かの作品を生むという特色がある。

まずは四種類にグループ分けした諸活動と、三種類の頻度に区別したデータを検討してみよう（章末図6–3から図6–6）。まず気晴らしであるが（章末図6–3）、過半数の人が読書をしている。とはいえ、読書をまったくしない人も四〇％強いることを付記しておきたい。一方で、ギャンブルやカラオケをしない人が七〇～八〇％の高さに達していることが好対照である。まとめれば、読書は日本人にとって親しみやすい余暇活動である一方で、ギャンブルやカラオケはごく少数の人しか楽しんでいない。

生活に密着した活動（章末図6-4）では、園芸や庭いじりをする人が半数近くいるが、和裁・洋裁などをする人は非常に少ない。鑑賞活動（章末図6-5）では、スポーツ鑑賞と映画鑑賞に関してはたびたび行う人が一割強いるが、他の行為はそれほど人気の高い活動ではない。音楽鑑賞、美術鑑賞、遊園地・動植物園・水族館等の見物、祭への参加・見物については、月一回以上ないし年一回以上の活動をする人が四〇％前後いることが特筆できようか。創作的活動（章末図6-6）に関しては、すべての行為において従事する人は数％にしかならず、非常に少ない人しかこれらを行っていないことが特徴である。

（3）余暇活動は幸福度を高めるか

次の関心事は、これらの余暇活動を行うことによって、人は幸福を感じているのであろうか、逆に不幸を感じることがあるかもしれない、ということを確認することである。幸福感を被説明変数として、二二種の余暇活動を説明変数とした回帰式が表6-1であり、四種類に統合した余暇活動を説明変数とした回帰式が表6-2である。

まず表6-1を見てみよう。強制投入法とはすべての説明変数を用いて回帰式を推定する方法であり、ステップワイズ法とは非有意な説明変数を除外しながら回帰式を推定する方法である。ここでは一％水準で統計的に有意な説明変数に注目して評価しておこう。

まず幸福度を上げている余暇活動は、スポーツの実践、園芸・庭いじりなど、趣味としての読書、

表 6-1　幸福感を被説明変数とする重回帰分析

	強制投入法	ステップワイズ法
	β	β
スポーツ(テニス･水泳･登山･ゴルフなど)の実践	0.109**	0.108**
園芸・庭いじり・ガーデニング・日曜大工	0.095**	0.098**
趣味としての読書	0.088**	0.090**
遊園地・動植物園・水族館等の見物	0.084**	0.091**
その他の趣味・娯楽	0.041**	0.040**
美術鑑賞	0.038*	0.036*
演芸・演劇・舞踊鑑賞	0.036*	0.034*
和裁・洋裁・手芸	0.030*	0.033*
趣味としての料理・菓子作り	0.027*	(脱落)
祭への参加・見物	0.021	(脱落)
スポーツ鑑賞	0.001	(脱落)
カラオケ	−0.001	(脱落)
音楽鑑賞	−0.003	(脱落)
楽器の演奏	−0.005	(脱落)
映画鑑賞	−0.007	(脱落)
絵画・彫刻などの制作	−0.008	(脱落)
コーラス・声楽	−0.010	(脱落)
書道・華道・茶道	−0.013	(脱落)
舞踊(邦舞・洋舞)	−0.031*	−0.033*
ゲーム(家で行うもの，携帯用を含む)	−0.040**	−0.039*
詩・和歌・俳句・小説などの制作	−0.047**	−0.050**
ギャンブル(パチンコ・競馬・競輪など)	−0.072**	−0.074**
調整済み R^2	0.071	0.072

注)$N=60491$，**: $p<0.01$，*: $p<0.05$，値は標準化偏回帰係数.
出所）「橘木俊詔科研調査 2012」(60 頁参照)．以下，表 6-2，図 6-3〜図 6-6 も同じ.

表 6-2　幸福感を被説明変数とする重回帰分析

	β
気晴らし活動ダミー	0.075**
生活に密着した活動ダミー	0.124**
鑑賞活動ダミー	0.110**
創作的活動ダミー	0.027*
調整済み R^2	0.049

注)$N=60491$，**: $p<0.01$，*: $p<0.05$，値は標準化偏回帰係数.

遊園地・動植物園・水族館等の見物、その他の趣味・娯楽の五つである。係数の大きさはその影響の大きさを物語っているので、スポーツの実践が〇・一〇九で最大なのは、自分でスポーツを楽しむ人がもっとも幸福感が高いということである。健康維持のためにスポーツ・運動は役立つし、人を幸福にする程度が高いのであるから、スポーツに興じるべし、というのがここでの教訓となる。もとより幸福度が高いからスポーツに興じるという逆の因果関係もありえよう。次に重要な余暇活動は園芸や庭いじりなどである。これを好んでする人はきっと「幸せ」なのだろうと確実に言える。

逆に、不幸度を増す余暇活動がいくつかあることが、不思議であるし、また興味深いことである。それらは、舞踊の実践、ゲームをすること、詩・和歌などの創作活動、そしてギャンブルである。それぞれの意味を解釈しておこう。

まず数字の大きさからして、ギャンブルがもっとも人を不幸にする程度が高い。パチンコ・競馬・競輪などは自分のお金を投じるが、損をすることが一般的である。低い確率でもってギャンブルに勝って大儲けすることもあるので、それに賭けるスリルを楽しむために人はギャンブルに走るのである。とはいえ、既に調べたようにギャンブルにコミットする人は非常に少なかった。ギャンブルをする人であっても平均すると損をしている人の数の方が、得をする人の数よりはるかに多い。損をすると人は不幸感を抱くし、ムダな投資をしたという後悔の念も人を不幸にする。もっとも高い不幸を感じる余暇活動がギャンブルなのである。ギャンブルをしない方がよい、という提言をしておきたい。

次は、詩・和歌などの創作活動も人を高い不幸に陥れる。自分の好きな文学において、作品を創作するという活動は、きっと「幸せ」ではないかと想像できるが、現実ではそうでないのである。なぜであろうか。これは推察にすぎないが、質の高い文学作品を創作できる人は、かなり高い才能の持ち主であり、普通の人の場合には作品を完成できないことがあるし、出来た作品においても凡庸な内容のことが多いので、本人は満足できず、かえって不幸を感じることになるのではないだろうか。

ゲームに関しては、ゲームは夢中になると長い時間をかけることもあるが、終了後には、「ムダな時間を送ったにもかかわらず、何も得られるものはなかった」とむなしさを感じることが多い。こうであれば、ゲームは人を不幸にする、と判断する人が多くいても不思議ではない。

最後に、表6-2を解釈しておこう。これは二二種の余暇活動を四種に大別したものが説明変数となっている結果である。すべての変数が統計的に有意な正の係数となっているし、そのうち三つが有意水準一%で有意、一つが五%で有意なので、信頼性は高い。係数の大きさからすると、「生活に密着した活動」が一番大きいので、身近なところにある余暇活動から得る幸福感が一番強い、ということを私達に教えてくれている。次いで「鑑賞活動」と「気晴らし活動」が続き、一番弱いのは「創作的活動」である。ここでわかったことを大胆にまとめれば、自分の身近にある小さな事象にコミットする余暇活動が実はもっとも高い幸福をもたらすし、創作などと言う自分の身の丈を超えるような余暇活動から得られる幸福は小さい、ということになる。

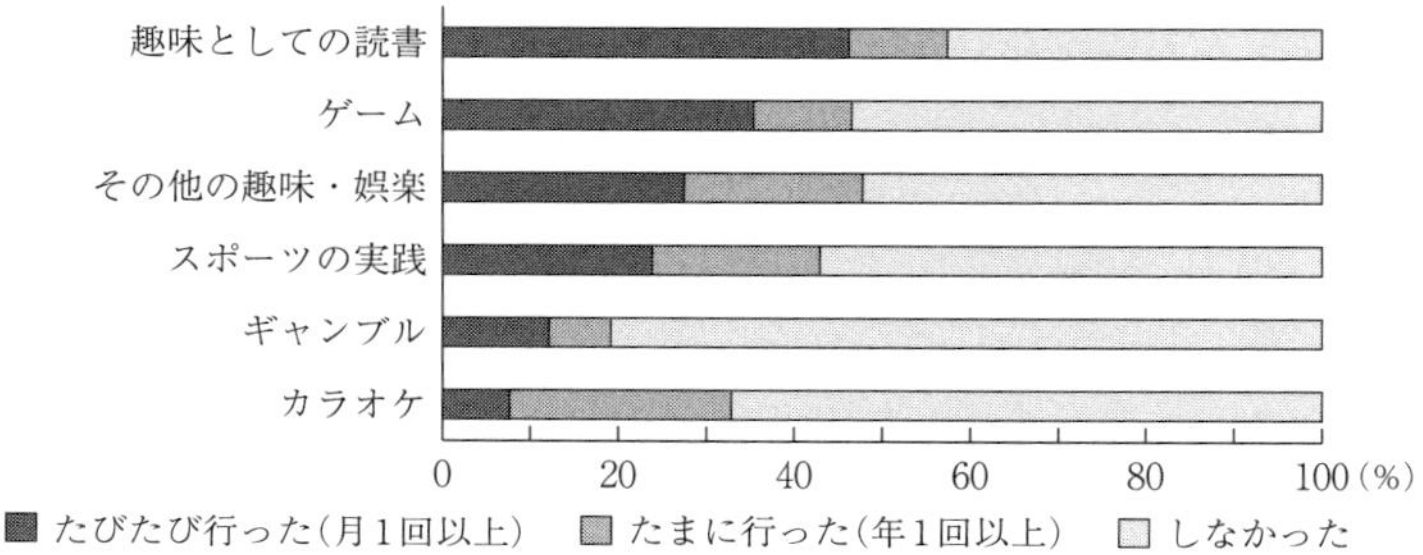

図 6–3　気晴らし活動の程度

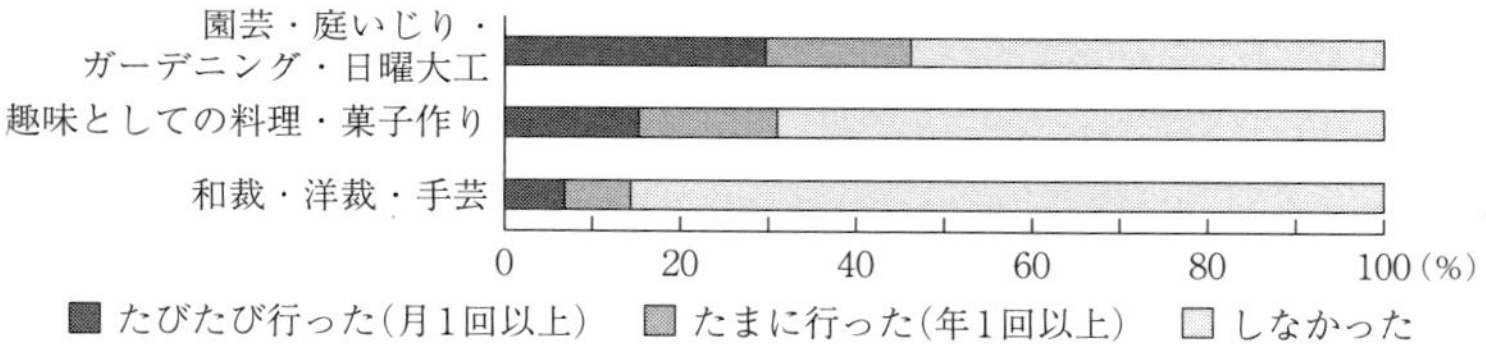

図 6–4　生活に密着した活動の程度

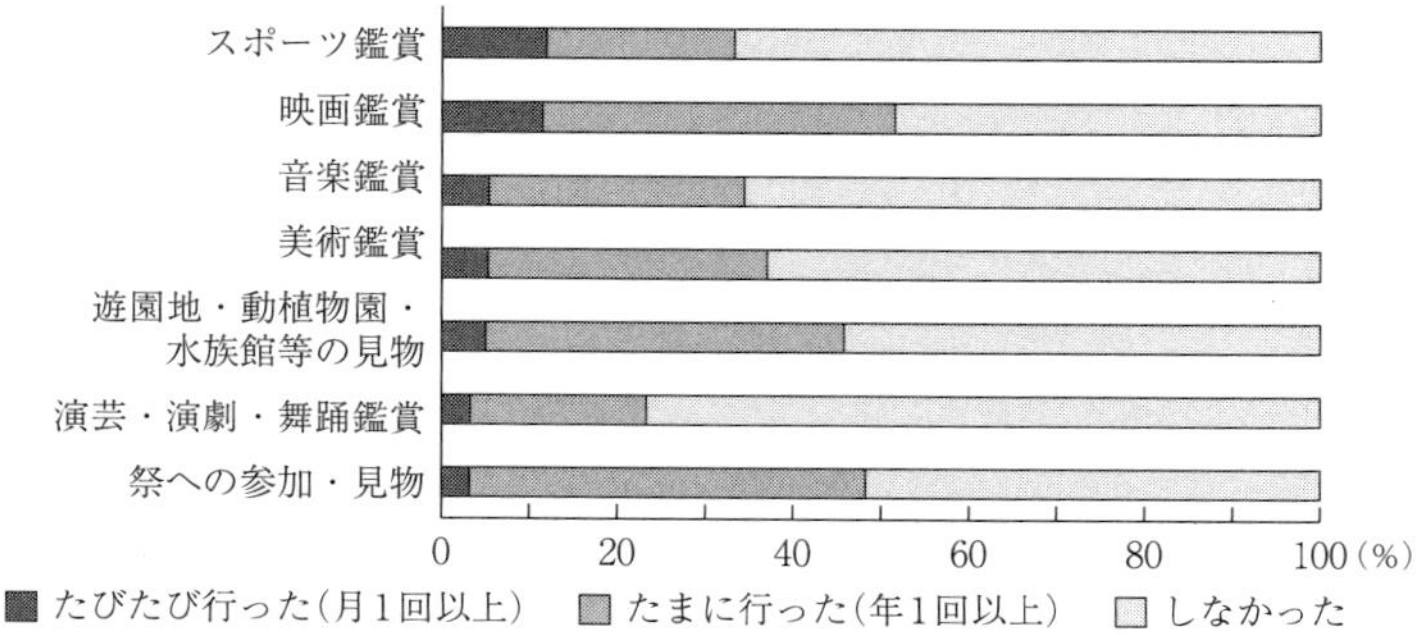

図 6–5　鑑賞活動の程度

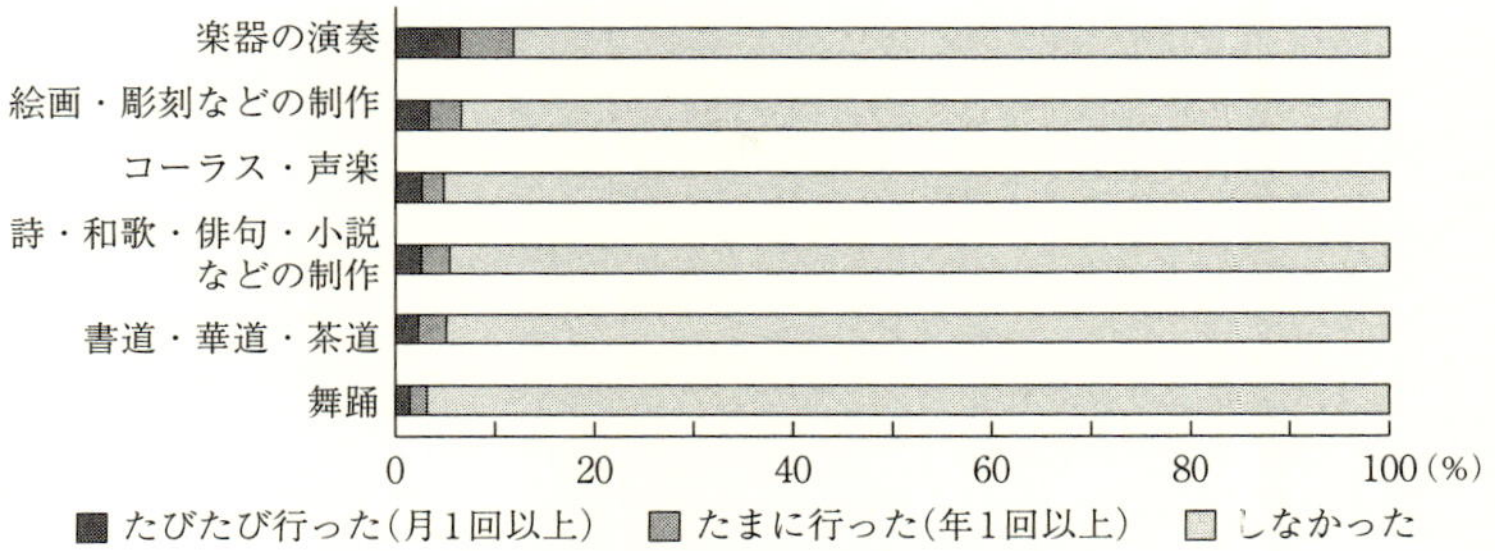

図 6-6　創作的活動の程度

第７章　性別役割分業と生活満足度

1　既婚女性の就労と課題

(1)　はじめに

本章では、自分がどのくらい家計負担をしているかという家計負担率が、既婚者の生活満足度とどのように関連があるかを検討する。この理由として、「夫は外で仕事、妻は家庭」という性別役割分業の解消が社会的に求められているが、現実にはなかなか解消していないことがある（永井・松田編二〇〇七、岩間 二〇〇八、松田 二〇一三）。なぜ、性別役割分業が解消されないのか。その要因として、妻も働き夫も家事をするほうが、かえって負担が大きいとか、疲れるといったことはないだろうか。性別役割分業をしているほうが生活の不満は少なく、性別役割分業をしないほうが生活の不満は増えることはないだろうか。本章では、このような疑問について考えたい。

なお、誤解を招かないためにつけ加えておくと、本章は、性別役割分業に反対で、性別役割分業の解消を求める立場に立つものである。どうすれば性別役割分業の解消に向かうのか、現在みられる障害を明らかにしたいと考えている。

（2） 性別役割分業の現状

それでは、ここで日本での性別役割分業の変遷、そして現状と課題を確認しよう。長く女性の就労機会は限られていたが、一九八〇年代には、男女雇用機会均等法が施行され、その後、女性の就労機会が拡大してきているといえるだろう。たしかに、男女雇用機会均等法が施行された当初は制度として不十分な点も多かった(奥山 二〇〇九)。しかしながら、改正を経ながら、現在では男女雇用機会均等法は女性労働を守る重要な制度となっている。

調査データからも、一九八〇年代からの既婚女性の労働の変化をみていこう。図7-1は、夫が被雇用者の場合の、妻の就労状況である。夫が自営業者などの場合は含まれていないものだが、参考になるデータなので紹介しておきたい。この図には、一九八〇年からの妻の就労状況が載せられているが、年が経つほど、就労している者の割合が上昇していることがわかる。八〇年代以降、既婚女性の就業率が一貫して上昇してきたといえるだろう。

ただし、既婚女性が就労しても、「夫は外で仕事、妻は家庭」という性別役割分業は簡単には解消しなかった。調査からは、既婚女性の就業率が上昇しても、夫の家事時間はほとんど増加しておらず、家庭内の家事・育児時間がもっとも増大する時期でも同じであることが確認される(内閣府 二〇一二)。六歳未満の子どもをもつ夫と妻の家事関連時間をみた調査によれば、妻の家事・育児時間は八時間近

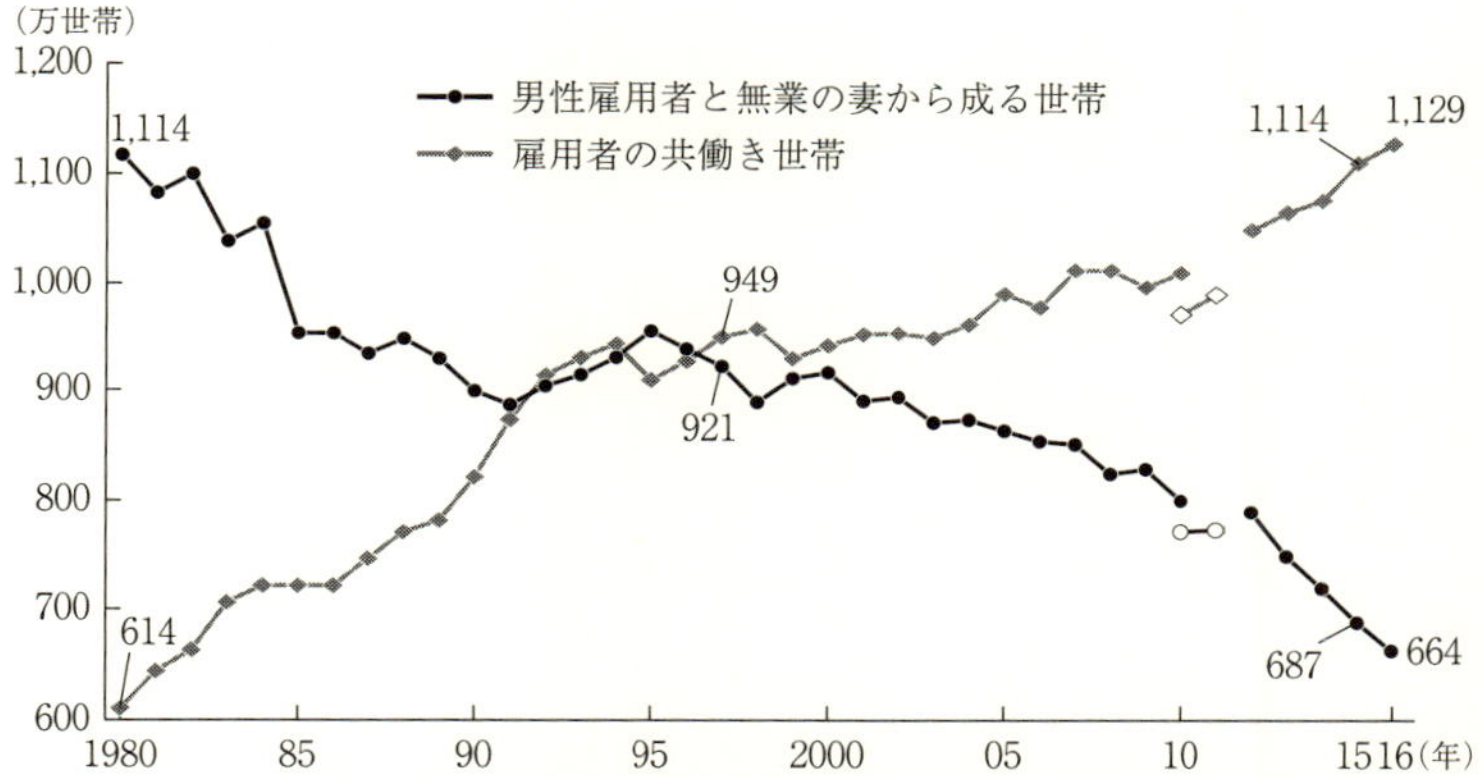

注 1)1980年から2001年までは総務庁「労働力調査特別調査」(各年2月．ただし，1980年から82年は各年3月)，2002年以降は総務省「労働力調査(詳細集計)」より作成．「労働力調査特別調査」と「労働力調査(詳細集計)」とでは，調査方法，調査月等が相違することから，時系列比較には注意を要する．
2)「男性雇用者と無業の妻から成る世帯」とは，夫が非農林業雇用者で，妻が非就業者(非労働力人口及び完全失業者)の世帯．
3)「雇用者の共働き世帯」とは，夫婦共に非農林業雇用者(非正規の職員・従業員を含む)の世帯．
4)2010年及び11年の値(白抜き表示)は，岩手県，宮城県及び福島県を除く全国の結果．

出所) http://www.gender.go.jp/about_danjo/whitepaper/h29/zentai/html/zuhyo/zuhyo01-03-04.html.

図 7-1 共働き等世帯数の推移

くにもなるのに対して、夫の家事・育児時間は一時間程度である(内閣府 二〇一二)。これでも以前よりは増加したほうであるが、六歳未満の子どもがいるのに一時間程度しか家事・育児時間がないというのは、まだまだ少ないといえるだろう。妻が専業主婦であっても、就労していても家事・育児時間の偏りは大きい。夫の家事・育児時間が少なく、妻に大きな負担が偏っているという状況がうかがえる。

以上からわかるように、既婚女性の就労が増える一方で、家事や育児の負担は既婚女性に偏ったままなのである。現在は、性別役割分業が女性の就労負担のみを増やすかたちで部分的に「解消」したかたちとなっている。だがこれは、既婚女性にとっては大変な負担であろう。今回示された調査だけでは、家事や育児の負担や、就労の負担の程度は分からないが、それでもすべてのことを行おうとすると大変な負担だと考えられる。現在は、性別役割分業の部分的で中途半端な「解消」が、既婚女性の大きな負担を生んでいることがうかがえる。

（3） 就労の困難とあきらめ

この問題は新しいように思われるかもしれないが、一九八〇年代から九〇年代には指摘されてきたものでもある。日本よりもまずはアメリカで注目されており、社会学者のホックシールドは、既婚女性が家事と仕事の二重の役割を被っており、それが多大な負担になっていることを明らかにした（Hochschild 1983＝2000）。ホックシールドは、この状況を「セカンド・シフト」と呼んでいる。家庭の外でのシフト（勤務時間）を終えると、その次に家庭のなかでシフト（勤務時間）があるという意味である。また日本では、小倉（二〇〇三）が「夫は外で仕事、妻は家庭」という性別役割分業に対して、「夫は外で仕事、妻は家庭と仕事」という状況を「「新」性別役割分業」と命名した。

そして、先述のように、二〇〇〇年代以降も、既婚女性の家事と仕事の二重の役割は解消していない。むしろ、より負担が大きくなったという見方もある。一九九〇年代には夫の労働環境も悪化し、既婚女性が家計に果たす役割や期待は大きくなったが、賃金が低い仕事か、賃金が高いとしてもハードな仕事しか見つからない。また、就労したからといって家事を他のだれかがやってくれることもない。低賃金かハードな仕事と、だれも手伝ってくれない家事との両立をしなければならなくなった。これでは、負担も不満も大きいだろう。多くの既婚女性が家事と仕事の両立という問題に直面するのを見て、下の世代は両立を目指すよりも専業主婦になりたいと願うようになったといわれるほどである（山田　二〇〇九、白河　二〇一〇）。

このように、性別役割分業の部分的な解消によって既婚女性の負担が増えているのだとすれば、生活上の不満へとつながり性別役割分業にむしろ賛成したいと考える人が増えることもありえるだろう（山田　二〇〇九、白河　二〇一〇）。しかしながら、既婚女性が家計を負担することで、不満が増えるのか、ということはこれまでの研究では十分に明らかにされていない。そこで本章では、既婚女性の家計負担が生活満足度とどのように関連するかを検討していきたい。

2　既婚者の満足度を高める生活とは

（1）　就労と生活満足度

既婚女性にとって、生活満足度が高いのはどのような生活だろうか。生活満足度の研究だけでは生活全体をどのように評価しているかをカバーしきれないこともあり、幸福感、結婚満足度、自己に対する評価についての先行研究も紹介しよう。

既婚女性の生活満足度を理解する上で、まずは、結婚自体は、高い生活満足度や幸福感と関連することを確認しておこう。基本的な特徴としては、結婚によって生活満足度や幸福感が上昇することは多くの国で確認されている(Frey and Stutzer 2002＝2005)。日本でも脇田(二〇一四)がパネル調査データを用いて、結婚直後に生活満足度が上昇することを明らかにしている。そして、結婚によって生活水準が上がったことを加味しても、結婚そのものが生活満足度を上昇させている可能性が高いことを示している。

ただし、結婚が生活満足度や幸福感に与える効果は限定的ともいわれる。フライ(Frey 2008＝2012)は、ドイツで実施された一七年間にもおよぶパネル調査データの分析から、結婚した時をピークとして、結婚後は生活満足度が低下することを明らかにしている。また、離婚した場合にはたしかに幸福感が低下するものの、しばらくすると元の水準に近づくという。このように、結婚する前後、あるいは離婚する前後で生活満足度は変化するものの、時間がたてばもとの生活満足度や幸福感の水準の近くまで戻る傾向がある。

次に、どのような結婚であれば評価が高いかをみていこう。日本で行われたパネル調査データを用いて、山口(二〇〇六)は結婚満足度について分析している。それによると配偶者の所得が高く、自分の家事負担が少なく、配偶者との情緒的関係が良好なほど、既婚女性の結婚満足度が高いという。要するに、性別役割分業の規範に沿って妻である自分が家事を多く行うよりも、単純に生活の負担が少ないほど結婚満足度が高いといえそうである。

それでは、家計でも、家事でも配偶者の負担が多いことが、よい状態といえるだろうか。たしかに、山口（二〇〇六）の研究は、配偶者の負担が多いと自分の結婚満足度が高いことを示しているが、たとえ負担を伴うとしても、就労を行うことは既婚女性にとって夫に従属するのではなく、自らの生活に責任をもち、一人の人間として生きられるようになるという重要な側面がある。たとえば、既婚女性が就労し自分の所得があるとき、夫婦の関係はより対等な関係になるという（島 二〇〇七）。また、階層帰属意識の研究によると、既婚女性は自分に所得がなければ夫や世帯の所得を参照とするのに対して、自分の所得があれば自分の所得を参照して社会における自分の位置づけを判断する（直井 一九九〇、赤川 一九九八）。たとえ負担を伴うとしても、就労し自分の所得をもつと、夫婦関係は一方が従属するのではなく、より対等になるといえる。

以上をまとめると、結婚することや、結婚を継続できている状況は生活満足度を高くすること、生活の諸事を配偶者がこなす場合に結婚満足度が高くなることが示された。この特徴から、性別役割分業の部分的な解消によって、既婚女性だけが家事と仕事の両立をしているのであれば、結婚満足度が低下することが推測できる。ただし、就労し家計を負担することは自己に対する評価を高めるという重要な側面もある。それでは改めて、家計を負担することは、生活満足度を上げるといえるだろうか。ここで紹介することのできた先行研究では、家事の負担と生活満足度との関連についてだけしか明らかにはしておらず、本章では、既婚者を対象に、家計負担に注目して生活満足度の分析を行う。

なお、家計負担の指標として、家計全体に対してどのくらいの負担をしているかを示す本人家計負担率に着目する。一般に、労働時間が長ければ所得が上がるため、家計負担率は就労の多寡を示す代替指標となると考えられる。また、性別役割分業の点からみて、夫婦の就労のバランスをみる指標ともなる。

以上より、下記の仮説を検証する。

仮説　既婚者では、本人家計負担率が上昇すると生活満足度が低下する

3　家計負担率に注目した分析をするには

(1)　全国パネル調査

分析に用いる調査データは、「働き方とライフスタイルの変化に関する全国調査(若年パネル調査、壮年パネル調査)」(東京大学社会科学研究所パネル調査プロジェクト)である。この調査は同一対象者に対して繰り返し調査を行うパネル調査となっている。第一波調査では、日本全国に居住する二〇歳~四〇歳(若年パネル調査は二〇~三四歳、壮年パネル調査は三五~四〇歳)の男女を対象に、二〇〇七年一月から三月にかけて調査票によるアンケート調査が行われた。その後は毎年継続して調査を行っているが、どの調査項目が採用されるかは調査年によって異なっており、本章では夫婦関係について詳細な情報が含まれる〇七年(第1波)、〇九年(第3波)、一一年(第5波)の三時点の調査データを用いる。このうち、

本章では分析をする上で欠損のない女性一一九三名（三時点の合計でのべ二六八九名）、男性一〇六三名（三時点の合計でのべ二〇九八名）の回答を用いた。なお、本章の分析では、一時点や二時点のみの回答者も含んでいる。

（2）　生活満足度と関連する変数

分析に用いる変数の詳細は、章末の表7-2と表7-3に示した。

従属変数となる生活満足度では、生活全般についてどのくらい満足しているかを尋ねた。満足しているほど高い得点となるよう一～五点を割り当てた。三波すべてのデータを含むプールデータで平均値をみると、女性で三・九（標準偏差〇・八八）、男性で三・九（標準偏差〇・八九）であり、「どちらかといえば満足している」（四点）あたりでの回答が多い。他の調査でも生活満足度の分布は「やや満足」の回答が多く、本調査データも合致する。

独立変数として、本人家計負担率を用いた。これは、世帯全体の収入に占める本人の所得の比率を示したものである。参考のため本人所得も示しておくと、女性で一三一万円（標準偏差一六二・六）、男性で五〇六万円（標準偏差二六二・五）であった。配偶者所得でみても同水準である。さて、本人家計負担率をみると、女性の平均値は一九・九％（標準偏差二二・〇四）、男性の平均値は八〇・四％（標準偏差二二・五四）であった。本人が申告した所得のため合計は一〇〇％にならないが、平均的にみれば妻の家計負担率は二〇％程度、夫の家計負担率は八〇％程度であった。

次にコントロール変数を説明しておこう。家事として、配偶者の洗濯頻度と食事の準備頻度の二つを用いた。というのも、家事の種類によって夫の家事参加の程度が異なるからである（藤田 二〇一四）。洗濯は、時間の制約が比較的小さく、作業工程も単純なために夫の家事参加も進みやすい領域である。これに対して食事の準備は、時間の制約が比較的大きく、さらに、複雑な作業も多く、夫の家事参加が進みにくい領域である。この調査では、夫が一か月に行う食事の準備頻度は、妻からみれば三・二日（標準偏差七・〇〇）、洗濯頻度は三・一日（標準偏差七・二七）であった。一方、夫からみた妻が一か月に行う食事の準備頻度は二六・八日（標準偏差七・一三）、洗濯頻度は二四・四日（標準偏差八・八九）であった。家事の種類を分けて確認したものの、この調査では家事の種類によらず妻が家事の多くを行っている。

また、情緒面を把握するために会話頻度を用いた。なお、喧嘩の絶えない夫婦のように、会話の多さが必ずしも良好な関係を示すわけではないが、あまりに喧嘩が多ければ別居や家庭内別居に至り、最終的には会話頻度が下がるだろう。そのため、ここでは会話が多いほど情緒的関係が良好と理解する。配偶者との会話頻度は、妻は二五・三日（標準偏差八・四八）、夫は二六・四日（標準偏差七・二六）で、多くの夫婦がほぼ毎日会話していた。

その他のコントロール変数については、本人職業、結婚期間、同居子ありダミー、配偶者職業（無職ダミー）、世帯所得を用いた。

（3） パネルデータ分析

本章では、パネル調査データによる分析を行う。パネル調査データとは、同一対象者に繰り返し調査を実施して得られたデータを指す(三輪・山本 二〇一二)。パネル調査データを用いることで、同一対象者のなかの生活の変化と生活満足度の変化の関係を分析することができる。これにより個人間の違いを統計的に上手く統制し、因果関係を分析できる。

4　就労は生活をよくするか

それでは分析に入る前に、適正な分析モデルの選択を行っていく。まずはF検定という統計学の方法を用いて、よりシンプルなモデルである最小二乗法が望ましいか、パネルデータ分析の基本的なモデルである固定効果モデルが望ましいかの選択を行った。分析結果の表は省略するが、F検定の結果、固定効果モデルを採択した。

次に、パネルデータ分析のうち固定効果モデルと変量効果モデルの選択を行った。パネルデータ分析には、主に固定効果モデルと変量効果モデルの二つのモデルがある。固定効果モデルとはパネルデータ分析で基本的なモデルに位置づけられるもので、個人内で変化しない情報を統計的に取り除き、個人内で生じた変化に着目して分析するモデルである。これに対して、変量効果モデルは時間を通じて変化しない変数についての仮定を弱め、変動のあるものとして分析を行うものである。モデルの選択として、ハウスマン検定により変量効果モデルとの対比を行ったところ、女性では固定効果モデルが採択され、男性では変量効果モデルが選択された。以上の検定の結果を経て、分析の結果を表7-1に示した。

表7-1は、生活満足度を従属変数とするパネルデータ分析の結果である。この分析で注目すべきは本人家計負担率の効果である。女性では、本人家計負担率が高まるほど生活満足度が下がった。世帯所得が上昇するほど生活満足度が高まるにもかかわらず、自分の家計負担率が上がる場合には生活満足度は下がったのである。ここから既婚女性は就労が増えると生活満足度が下がることが示唆される。これに対して男性では本人家計負担率には有意な効果がみられず、世帯所得が高いほど生活満足度が高かった。なお、男性のデータでも固定効果モデルによる分析を行ったところ、本人家計負担率も世帯所得も生活満足度との関連がみられなかった。世帯所得の効果は固定効果モデルと変量効果モデルで異なるものの、共通して、男性では本人家計負担率と生活満足度との関連は見られなかった。

このほか、性別役割分業に関係する家事についても確認しておこう。配偶者の洗濯頻度、食事の準備頻度の変数を投入したところ、男女とも配偶者の洗濯頻度が上がるほど生活満足度が上がった。ただし、配偶者の食事の準備頻度については有意な効果がみられなかった。夫に関しては、妻による食事の準備は当たり前のこととして受け止められ、生活満足度を高めるものではなかったのかもしれない。一方、妻に関しては、夫が食事の準備をしても自分の負担は軽減していない可能性がある。たとえば、夫が家事を行う際に、妻は夫が家事をしやすいように準備をし、夫がやる気を出せるように妻が褒めたたえるなど、しばしば妻の下支えによって夫の家事が可能になると報告されている(藤田 二

表 7-1　生活満足度を従属変数とするパネルデータ分析

		女性		男性	
		係数	標準誤差	係数	標準誤差
本人職業	専門管理(正規)	−0.18	.352	0.18**	.059
基準：生産(正規)	事務(正規)	−0.04	.348	0.07	.066
	販売サービス(正規)	0.48	.356	−0.03	.063
	非正規	−0.03	.338	−0.20*	.098
	自営家族	−0.22	.361	−0.16†	.083
	無職	−0.04	.340	−0.32†	.172
結婚期間		−0.03	.018	−0.01*	.005
同居子ありダミー		−0.14	.203	0.07†	.044
配偶者無職ダミー		−0.01	.082	0.04	.058
配偶者食事の準備頻度		0.00	.003	0.00	.003
配偶者洗濯頻度		0.01†	.003	0.01**	.003
配偶者会話頻度		0.01**	.003	0.02**	.003
世帯所得(万円)/1000		0.28**	.094	0.29**	.067
本人家計負担率		−0.36*	.151	0.03	.107
調査時期	第 1 波	0.14**	.040	0.11**	.035
基準：第 5 波	第 3 波	0.20**	.069	0.12**	.038
切片		3.64**	.381	2.63**	.144
級内相関係数		0.65		0.50	
観測数		2,689		2,098	
グループ数		1,293		1,063	

注)**: $p<0.01$,　*: $p<0.05$,　†: $p<0.10$.

〇〇八）。

なお、夫婦の会話頻度は男女とも有意な効果がみられ、会話頻度が多いほど生活満足度が上昇した。配偶者という身近な人間との関係性が良好であると生活の質が高まることが、この結果からも示されている。

以上をまとめると、既婚男性の場合、本人家計負担率が上昇しても生活満足度には関連がないが、既婚女性の場合、本人家計負担率が上昇すると生活満足度が下がることが示された。

5　性別役割分業の完全な解消に向けて

本章では、既婚者の本人家計負担率と生活満足度との関連を検討した。パネルデータ分析の結果、男性では本人家計負担率は生活満足度と関連をもたないのに対して、女性では家計負担率が上昇すると生活満足度が低下することが示された。

なぜ、女性では家計負担率が上昇すると生活満足度が低下したのだろうか。この理由として、現代でも既婚女性が就労する際には多くの困難が伴うことが考えられる（山田 二〇〇九）。日本社会ではなお「夫は外で仕事、妻は家庭」という性別役割分業が前提とされている。そのため、既婚女性の就業が増加しても夫の家事参加は増えず、「夫は外で仕事、妻は家庭と仕事」という女性にとってさらに負担の増える分業になりがちである。また労働環境においても、既婚女性が高い所得を得られる仕事に就く機会は少ない。つまり既婚女性が就労するとき、家庭では自身に偏った家事をこなさねばならず、職場では条件のよくない仕事をせねばならないというケースも多いだろう。そのため既婚女性の就業は生活満足度の低下を招いたと考えられる。

また、家計が苦しいために既婚女性が就労しているケースも含まれており、それによって生活満足度が低下していることも考えられる。必要に応じて働きに出るのだが既婚女性の労働条件はよくなく、所得も限られている。すなわち、家計負担率は上昇するが、家計全体の所得の上昇は限定的なのである。そうした状況から、既婚女性の家計負担が増えたときに生活満足度が低下する結果がみられたのかもしれない。

以上をまとめよう。本章では二〇〇〇年代の日本のパネル調査データを用いて生活満足度の分析を行った。その結果、既婚女性の家計負担率の上昇は生活満足度を低下させていることが示されたのだが、その理由には、日本では既婚女性が就労するとき条件のよい職場は少なく、また家事の負担も軽減されないことが挙げられる。

では社会的には、既婚女性の就労に対してどのような対処が必要だろうか。家族の役割を重んじる保守的な立場の者は、既婚女性の就労を支援するのではなく、専業主婦となれるように支援するべきと主張するかもしれない。だがこれに対しては二つの困難があることを指摘しておこう。ひとつは、経済環境の悪いなかで、専業主婦を選択することは現実的な選択肢ではないことである。いまや経済環境は悪化しており、男性ひとり稼ぎでは生活が苦しい家庭も少なくない（周 二〇一五）。現実的に、専業主婦家庭を選択したくてもできない家庭が多いのである。

もうひとつには、専業主婦としての生活には、離婚によって簡単に貧困に直面するリスクが伴う。夫婦は対等だとする意見もあるが、現代の性別役割分業のもとでは、離婚後の貧困リスクは夫婦で非対称である。夫は自分個人に所得があるために妻がいなくても生活できる。もちろん、専属で家事をしてくれる人がいない分、生活のレベルは下がるかもしれないし、多くの不自由を感じるかもしれないが、すぐに貧困に直面することは少ないだろう。一方、妻は自分個人に所得がないために、夫がいなければ容易に貧困に直面する。とりわけ小さな子どもがいればそのリスクが高い。もし既婚女性や離婚した女性もよい労働条件で働ける社会が実現しているならば、貧困に直面するリスクは軽減されるが、現実は異なっている。現代の夫婦のあり方は一見すると対等であるが、女性に対して潜在的な貧困リスクを負わせているのである。

そこで重要となるのが、既婚女性の就労環境を支援することであろう。そのためには、男女両方に対して、仕事と家庭の責任を果たすことのできる支援が必要である。具体的にどのような政策を優先的に行うべきかについてはさらなる議論が必要であるが、いくつか案を挙げておこう。それは、強力な子育て支援策、女性差別の撤廃、女性への技能教育、などである。さらに、男性を含めた働き方の改善をする必要があるだろう。男性の長時間労働が是正されれば、夫婦間の家事負担のバランスの改善がしやすくなるだろう。

最後に、本章の課題について論じておこう。本章で用いた調査には、家事分業に関する十分なデータがなかった。そのため、家庭生活に関わる性別役割分業を総合的にとらえることは難しかった。だが、家計負担に関する分担は重要な側面であり、本章の分析結果の意義を損なうものではないと考えている。

謝辞

〔二次分析〕に当たり、東京大学社会科学研究所附属社会調査・データアーカイブ研究センターＳＳＪデータアーカイブから「東大社研・若年パネル調査（JLPS-Y）wave1-5、2007-2011」（東京大学社会科学研究所パネル調査プロジェクト）の個票データの提供を受けました。
〔二次分析〕に当たり、東京大学社会科学研究所附属社会調査・データアーカイブ研究センターＳＳＪデータアーカイブから「東大社研・壮年パネル調査（JLPS-M）wave1-5、2007-2011」（東京大学社会科学研究所パネル調査プロジェクト）の個票データの提供を受けました。

表 7–2　変数の概要

変数名	説明
生活満足度	生活全般について，どのくらい満足しているかを尋ねた．「満足している」「どちらかといえば満足している」「どちらともいえない」「どちらかといえば不満である」「不満である」から回答を求めた．満足しているほど高い点数となるように，1〜5点を割り当てた．
本人職業	職業と就業形態から，専門管理(正規)，事務(正規)，販売サービス(正規)，生産(正規)，非正規，自営家族，無職に分類した．
結婚期間	現在の配偶者と結婚している期間(年)．
同居子ありダミー	同居している子どもがいる場合を 1，それ以外を 0 とするダミー変数．
配偶者無職ダミー	配偶者が無職の場合を 1，それ以外を 0 とするダミー変数．
配偶者食事の準備頻度 配偶者洗濯頻度 配偶者会話頻度	配偶者が行っていることとして，食事の準備，洗濯，また，夫婦の会話の頻度について，「毎日」「週に 5〜6 回」「週に 1〜2 回」「月に 1〜3 回」「ほとんどしない」から回答を求めた．これをもとに，1 か月あたりの平均として指標化した．
世帯所得(万円)/1000	過去 1 年の世帯の(臨時収入，副収入も含む)所得を尋ねたものを，分析上適切な単位とするために 1000 で割った．
本人家計負担率	世帯所得に占める本人の所得の割合を算出した．
調査時期	第 1 波は 2007 年，第 3 波は 2009 年，第 5 波は 2011 年である．

表 7-3　記述統計(プールデータ)

		女性(N=2,689)				男性(N=2,098)			
		平均・割合	標準偏差	最小値	最大値	平均・割合	標準偏差	最小値	最大値
生活満足度		3.9	.88	1	5	3.9	.89	1	5
本人職業(%)	専門管理(正規)	8.9		0	1	24.0		0	1
	事務(正規)	10.1		0	1	14.5		0	1
	販売サービス(正規)	3.0		0	1	17.4		0	1
	生産(正規)	1.6		0	1	30.5		0	1
	非正規	35.0		0	1	4.7		0	1
	自営家族	4.3		0	1	7.7		0	1
	無職	37.2		0	1	1.0		0	1
結婚期間(年)		9	5.2	0	25	9	4.8	0	24
同居子ありダミー(%)		81.6		0	1	79.3		0	1
配偶者無職ダミー(%)		1.0		0	1	39.6		0	1
配偶者食事の準備頻度(月あたり日数)		3.2	7.00	0	30	26.8	7.13	0	30
配偶者洗濯頻度(月あたり日数)		3.1	7.27	0	30	24.4	8.89	0	30
配偶者会話頻度(月あたり日数)		25.3	8.48	0	30	26.4	7.26	0	30
世帯所得(万円)		642	324.9	10	2,500	661	341.9	10	2,500
(参考)本人所得(万円)		131	162.6	0	1,000	506	262.5	0	2,500
(参考)配偶者所得(万円)		492	259.1	0	2,500	125	175.6	0	2,500
本人家計負担率(%)		19.9	22.04	0	100	80.4	22.54	0	100
調査時期(%)	第1波	35.0		0	1	38.3		0	1
	第3波	32.9		0	1	32.3		0	1
	第5波	32.1		0	1	29.4		0	1

第8章　幸せを感じるパーソナリティとは

1　所得と幸福感

これまでの章では、幸福感と経済的要因との関連を探ってきた。本章では、経済的要因によらずに高い幸福感を得るものとして、パーソナリティに注目する。

幸福感研究では、所得が高くなるにつれ幸福感が高くなることを示してきた(白石・白石 二〇一〇)。所得と幸福感との関連を示す近年の調査として、内閣府「平成二三年度国民生活選好度調査」があるのでここで紹介しよう。この調査では、幸福感を〇点から一〇点で尋ねており、図8-1に、世帯所得ごとの幸福感の点数を示している。図8-1を見ると、世帯所得が上がるほど、幸福感が上がる傾向を読み取ることができる。世帯所得が一〇〇〇万円を超えるあたりから幸福感が上昇しなくなるものの、全体としてみれば、世帯所得の上昇は幸福感の上昇をもたらすといえるだろう。

これに対して、所得と幸福感との関連は限定的とする指摘もある(白石・白石 二〇一〇)。このメカニズムとして、第3章では準拠集団の理論による説明を試みた。第3章の分析により、所得が上がる

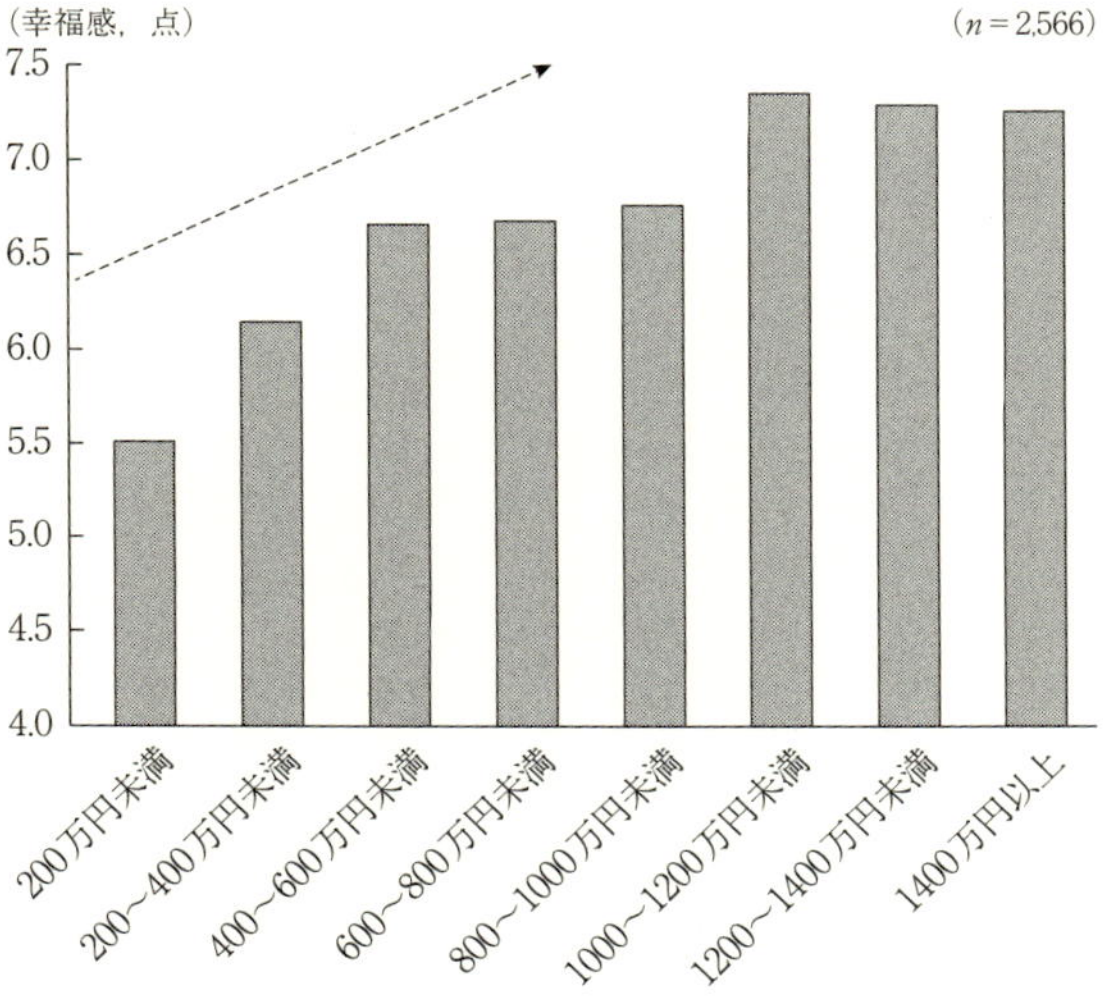

出所）　内閣府「平成 23 年度国民生活選好度調査」(http://warp.da.ndl.go.jp/info:ndljp/pid/10361265/www5.cao.go.jp/seikatsu/senkoudo/senkoudo.html).

図 8–1　所得と幸福感

ほど幸福感が下がるメカニズムも確認されたが、全体としてみれば、所得が上がるほど幸福感が上がるという関連が確認されている。また他の研究においても、所得が上昇すると幸福感も上昇するという素朴な関連は認められている(白石・白石 二〇一〇)。

所得が高くなるほど幸福感が高い理由としては、所得が高いほど多くの機会に恵まれることが考えられよう。例えば、所得が高いほうが、安全で快適な住居、栄養の十分な食事を得ることができる。また所得が高いほうが、よりよい教育や医療にアクセスしやすく、生活の困難が減少すると考えられる。

だが、所得が高くなければ幸福にはなれないのだろうか、という疑問も浮かぶ。所得が高くなければ幸福になれないというのであれば、非常に残念なことである。これに対して、所得が高くても低くても、その人の「人となり」が大切なのではないだろうかという考えも浮かぶ。その人がどのような人であるかということは、幸福感と関連をもつと予想できる。

こうした予想をサポートするのが、幸福感とパーソナリティの関連を調べる研究である。これまでの研究によって、パーソナリティは幸福感とも関連がみられることが明らかになっている（橋本 二〇一五）。しかし、残念ながらこれまでの研究ではパーソナリティ、所得、幸福感の三つの関連を議論するものは少ない。そこで、本章でこれらの関連について明らかにしていく。

2　パーソナリティの重要性

（1）パーソナリティとは

まずパーソナリティについて、小塩真司（二〇一四）に沿って説明しておこう。本章では、日常的な用語である人の性格を、パーソナリティと呼ぶ。このように説明すると、わざわざパーソナリティと呼ばずに性格と呼べばよいと思われるかもしれないが、心理学において、性格は多義的で曖昧な日常的な用語として、パーソナリティは厳密に定義された学術的な用語として用いられており（小塩真司 二〇一四）、本章もこれにならい、パーソナリティという用語を用いていく。

パーソナリティにはさまざまなものがあるが、そのなかで、アメリカの心理学者ゴールドバーグによって提唱されたビッグ・ファイブはもっとも代表的なものといえよう（Goldberg 1992; Walter et al. 2007＝2010、小塩真司 二〇一四）。ビッグ・ファイブとは、人のパーソナリティとして誠実性、開放性、

表 8-1　パーソナリティ(ビッグ・ファイブ)の概要

パーソナリティ	パーソナリティの説明	用いた変数
誠実性	主に仕事における勤勉さ，真面目さ	完璧に仕事をする 仕事は最後までやり遂げる 信頼できる労働者だ
開放性	知的関心の高さ	新しいアイデアを生みだす 独創的だ 想像力が豊かだ 好んでアイデアを出す
調和性	対人関係における協調性	攻撃的だ(反転) お高くとまっている(反転) 他人と口論する(反転)
外向性	対人関係に対する積極性	静かだ(反転) 控え目だ(反転) 話し好きだ
神経症傾向	不安の感じやすさ	緊張しやすい 恥ずかしがり屋だ 緊張する場面でも平静だ(反転)

調和性、外向性、神経症傾向という五つの側面をとらえたものである(表8-1)。誠実性というのは、仕事におけるセルフコントロールや責任感の高さであり、仕事に真面目に取り組むパーソナリティである。開放性とは知的関心の高さをいう。調和性とは対人関係における共感や思いやりの程度をいう。外向性とは対人関係に対する積極性、神経症傾向とは不安を感じやすい程度をいう。調査研究によって、アメリカだけではなく日本でもビッグ・ファイブが有効であることが確認されている。

(2)　パーソナリティと幸福感

次に、パーソナリティが幸福感と関連があることを紹介しておこう。ビッグ・

ファイブを用いた研究に限らないが、橋本(二〇一五)のレビューによると、幸福感との関連の強いパーソナリティは、外向性、自尊心、楽観性、神経症傾向があるという。おおまかにまとめるならば、対人関係においては、積極的であること(外向性)、また、物事のとらえ方に不安が少ないこと(自尊心、楽観性、神経症傾向)は、幸福感が高いことと関連がある。

さらに、ビッグ・ファイブと幸福感の関連も詳しくみておこう。ビッグ・ファイブと幸福感の分析を行ったのが、橋木(二〇一三)や八木(二〇一四)である。この二つの研究では、日本の一万人規模のインターネット調査データが用いられた。橋木(二〇一三)の分析によると、誠実性、開放性、調和性、外向性が高く、神経症傾向が低いとき、幸福感が高いという。また八木(二〇一四)では、主観的幸福感、肯定的人生観、不安感、楽観的幸福感、享楽的幸福感、博愛的幸福感といった、多様な幸福感を従属変数として分析している。その結果、八木(二〇一四)でも、五つのパーソナリティはほぼすべて幸福感と関連をもつことが示された。二つの研究結果をまとめると、おおむね、誠実性、開放性、調和性、外向性は幸福感を高めることに、神経症傾向は幸福感を低めることに寄与する。すなわち、仕事に真面目に取り組み(誠実性)、高い知的好奇心をもち(開放性)、他者と積極的に、そして協調性をもって接し(外向性、調和性)、不安を感じにくい(神経症傾向)ほど、幸福感が高いのである。このことから、幸福を感じるうえで、その人がいかなる人であるか、ということは重要といえそうである(図8−2)。

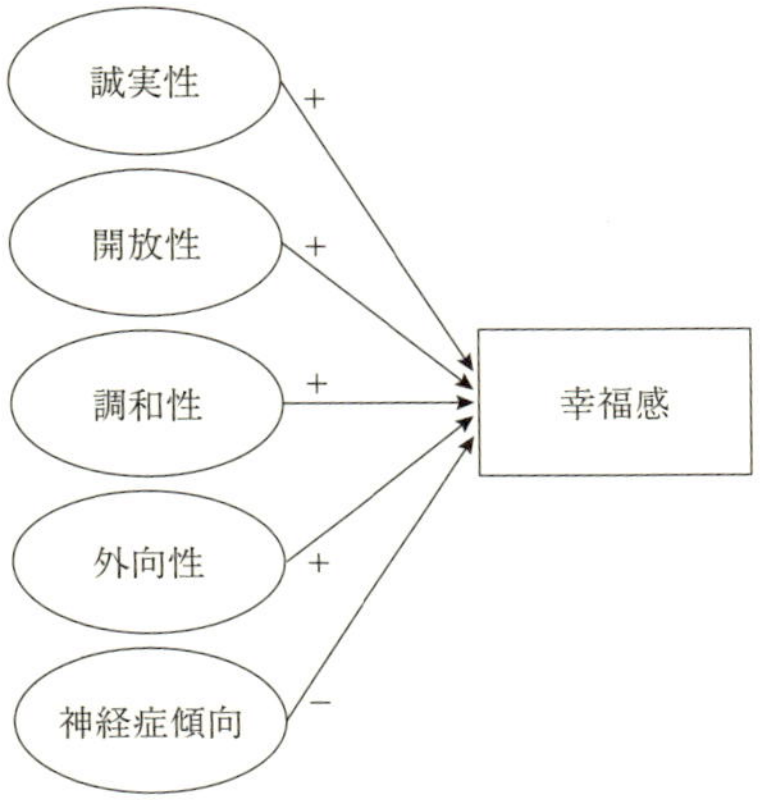

図 8-2　パーソナリティと幸福感（橘木（2013）より筆者作成）

（3） 所得とパーソナリティ

それでは、本章の問いとして、所得によらずに、パーソナリティと幸福感の関連があるといえるかという点を考えていきたい。この点に関して、橘木（二〇一三）は、五つのパーソナリティと所得との関連についても調べている。その結果、所得が上がるほど、誠実性が高く、開放性が高く、神経症傾向が低いという関連がみられたのである。言い換えれば、所得が高いほうが、仕事に真面目に取り組んでおり、高い知的好奇心をもち、不安を感じにくいのである。所得とパーソナリティに関するこの特徴は、所得と幸福感の関係と似ていることが分かる。すなわち、所得が高く生活が安定していれば、幸福を感じやすいパーソナリティとなりやすく、そして幸福であるという関連が予想されるのである。

この結果から、幸福感というのは結局のところ、所得に規定されているのではないか、という疑問が浮かぶ。つまり、所得がパーソナリティを規定し、パーソナリティが幸福感を規定している、という関連が考えられるのである。もしこの関連がみられるなら、やはり幸福感が所得に規定されていることになってしまう。

しかしながら、この予測は、所得、パーソナリティ、幸福感の関連について、それぞれの関連性か

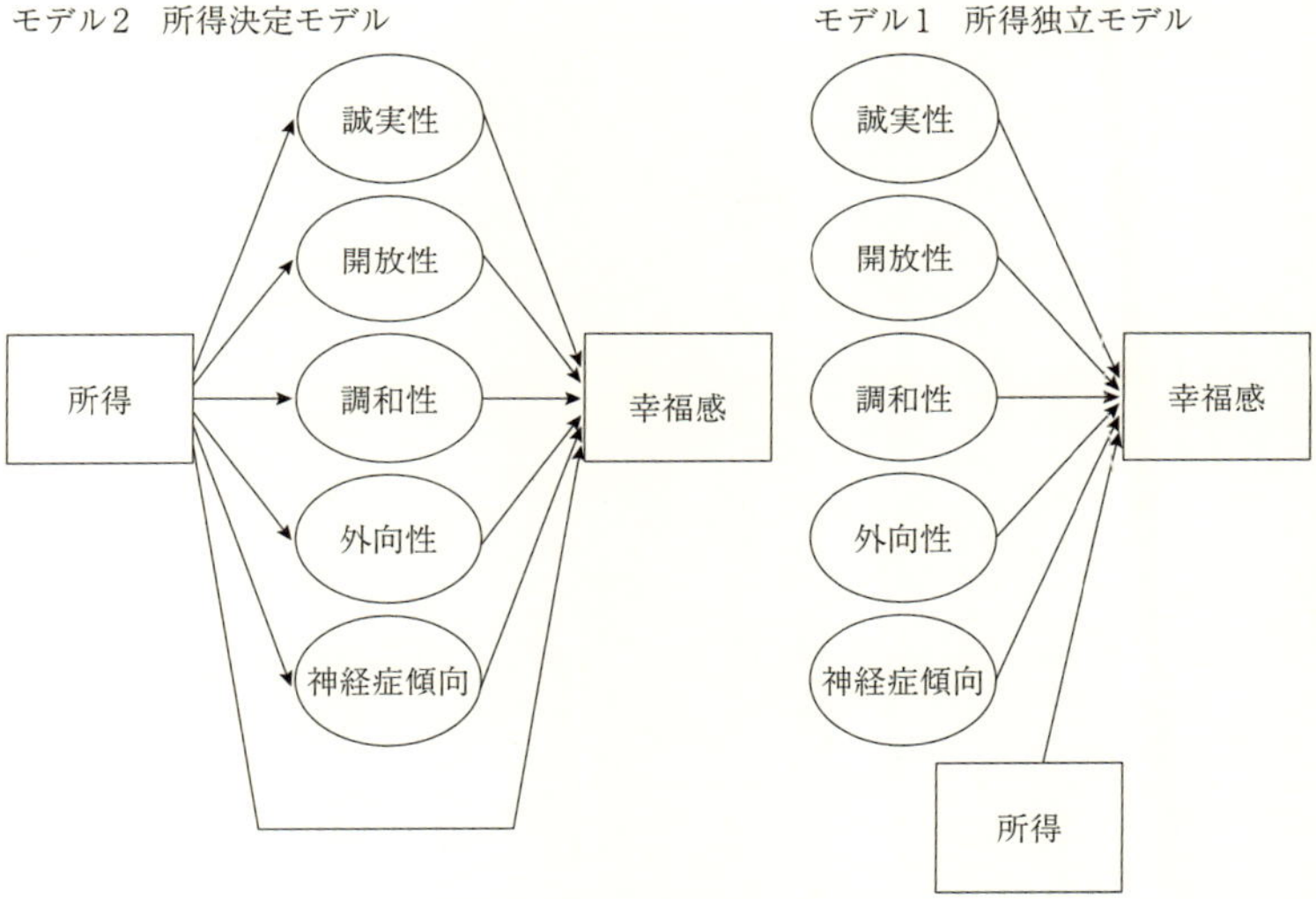

図 8-3　検討する２つの分析モデル

ら導かれたもので、分析によって実証したものではない。そこで本章では、所得、パーソナリティ、幸福感の関連についての検証を行いたい。具体的には、次の二つのモデルを検討する。一つ目のモデルは、所得がパーソナリティを規定しないモデルであり、所得とは独立にパーソナリティが幸福感を規定するモデルを立てる。これを所得独立モデルと呼んでいこう。二つ目のモデルは、所得がパーソナリティを規定し、そして、パーソナリティと所得が幸福感を規定するモデルである。これを所得決定モデルと呼んでいこう。この二つのモデルのうちどちらが幸福感を説明するのに適しているか、統計的に比較を行う。これをまとめると、下記のモデルの説明と、図8-3のようになる。

モデル1　所得独立モデル

所得とは独立にパーソナリティが幸福感を規定している

モデル2　所得決定モデル

所得がパーソナリティを規定し、所得とパーソナリティが幸福感を規定している

3　パーソナリティに注目した分析をするには

（1）インターネット調査

用いるデータは、橘木科研データ二〇一〇年である。このデータは、インターネット調査会社ｇｏｏリサーチ（現ＮＴＴコム リサーチ）の登録モニターに対して実施されたインターネット調査である。回答者数一万名を目標とし、目標回答者数に達した時点を目安に回答が締め切られた。機械的に締め切ったわけではないため、回答者数は一万名より多い一万〇八二六名となった。この調査では、回答を行わないと次の設問に進めないよう設定された質問項目が多く、無回答はほとんどない。そのため、分析に必要な質問にすべて答えたケースは一万〇二二三名となり、無作為に抽出された対象者に対して用紙を用いて行った調査よりも欠損が少ないものとなった。

（２）パーソナリティをとらえる変数

本章も先行研究と同様に、パーソナリティとしてビッグ・ファイブを用いる（Goldberg 1992）。再度説明しておくと、ビッグ・ファイブは誠実性、開放性、調和性、外向性、神経症傾向という五つのパーソナリティからなる。日本でもビッグ・ファイブの有効性が確認されている（小塩真司 二〇一四参照）。

ビッグ・ファイブの測定方法について説明しておこう。まず質問紙調査を実施し、複数の質問項目をもとに因子分析を行う。因子分析とは多変量解析の方法のひとつで、パーソナリティに関する複数の質問を行った場合、因子分析により、各パーソナリティの共通部分を取り出すことができる。ひとつの質問項目では、表現の仕方によって回答の仕方が安定しないことがあるが、複数の質問を行い、因子分析を行うことで安定した結果を得ることができる。

また、ビッグ・ファイブの質問項目についても、ここで簡単に説明しておこう（表８–１）。まず誠実性とは、主に仕事の面における勤勉さ、真面目さであり、「完璧に仕事をする」などの質問によってとらえられる。次に開放性とは知的好奇心の高さであり、「新しいアイデアを生みだす」などの質問によってとらえられる。調和性とは、対人関係における協調性を示し、「他人と口論する」などの質問によってとらえられる。さらに外向性とは、対人関係に対する積極性を示し、「話し好きだ」などの質問によってとらえられる。神経症傾向とは心配しやすさの程度を指し、「緊張しやすい」などの質問によってとらえられる。

最後に、上記以外の変数について説明しよう。その他に用いた変数は年齢、性別、教育年数、婚姻状態、子ども、雇用、世帯所得である(章末表8-4)。教育年数は、学校歴から算出した。婚姻状態は、「未婚」「既婚」「離別」「死別」から回答を求めた。子どもについては、子どもがいる場合は末子の年齢を基準として分類し、子どもがいない場合を「子どもなし」とした。雇用については、本人の雇用状態から、「経営者・役員」「正社員」などに分けた。世帯所得については、課税前の世帯所得から算出した。

(3) 共分散構造分析

本章の分析モデルを検討するために、共分散構造分析を行った。共分散構造分析とは、図8-3で示されているような、変数間の複雑な関係性を分析できる方法である(豊田 一九九八)。共分散構造分析は、質問から得られた変数である観測変数のほか、質問によっては直接得られない潜在変数も分析できる非常に柔軟な分析方法であり、また、因子分析も内包した分析手法である。本章のように、幸福感にさまざまな変数がどのように関連しているかを分析する場合に適している。

また、共分散構造分析においては、適合度が重要となる。共分散構造分析では、事前に、理論的に想定される分析のモデルを複数組み、そのモデルのあてはまりのよさを示す適合度指標の値を算出する。そして、適合度指標の値を比較して、もっともよいモデルを選ぶことが多い(豊田 一九九八)。本章でも、この手順に従い、分析を行っていく。

4　所得によらずに幸福になれるか

(1) 分析モデルの比較

表8-2には、それぞれの適合度指標の読み方を示した(豊田 一九九八参照)。共分散構造分析ではＡＩＣ、ＢＩＣ、χ^2値、ＲＭＳＥＡ、ＣＦＩ、ＴＬＩ、ＳＲＭＲなどの適合度指標を用いる。複数の適合度指標を確認することで、より安定的な結果を得ることができる。

表8-3は、モデル1(所得独立モデル)、モデル2(所得決定モデル)の分析結果の適合度指標を示した。適合度指標のうち、複数のモデルを比較するにはＡＩＣ、ＢＩＣが適切だといわれる(豊田 一九九八)。ＡＩＣをみると、モデル1での値は四九〇四五三・三、モデル2での値は四九六〇九三・六となり、モデル1のほうが小さい。またＢＩＣをみると、モデル1では四九一〇八五・三、モデル2では四九六六八九・二となっており、やはりモデル1のほうが小さい値をとる。ＡＩＣ、ＢＩＣは小さい値ほど分析がよいとされることから、ＡＩＣ、ＢＩＣの指標ともモデル1(所得独立モデル)のほうが適した分析といえるだろう。

さらに、他の指標についても確認しておこう。ＲＭＳＥＡとＳＲＭＲは〇・〇五未満のときモデルが「良好」とされるが、モデル1は〇・〇五未満、モデル2は〇・〇五以上である。ＣＦＩは〇・九五以上のときモデルが「良好」とされる。こちらは、モデル1、モデル2とも適合度が悪いものの、モ

表 8-2　適合度指標の読み方

適合度指標	指標の読み方
χ^2 値，自由度，p	モデル全体の検定に関する指標．ケース数の影響を受けやすく，他の指標が重視される．
AIC（Akaike Information Criterion）	推定したモデルにおけるデータとの乖離度を評価する指標であり，値が小さいほどよいモデルと判断される．
BIC（Bayesian Information Criterion）	推定したモデルにおけるデータとの乖離度を評価する指標であり，値が小さいほどよいモデルと判断される．BIC は AIC とともによく使われる指標である．
RMSEA（Root Mean Square Error of Approximation）	1 自由度あたりの乖離度の大きさを評価する指標であり，0 に近いほどよいモデルと判断される．
CFI（Comparative Fit Index）	独立モデルと分析モデル双方の自由度を考慮した上で乖離度の比較を行う指標．0.0～1.0 の値をとり，1.0 に近いほどよいモデルと判断される．
TLI（Tucker-Lewis Index）	分析モデルの乖離度が独立モデルの乖離度からどのくらい減少したかを示す指標で，0.0～1.0 の値をとり，1.0 に近いほどよいモデルと判断される．
SRMR（Standardized Root Mean Square Residual）	モデルによって説明できなかったデータの分散を指標化したもの．0 に近いほどよいモデルと判断される．

注）これらの指標のうち χ^2 検定以外は，検定という形をとらず，値の大小であてはまりのよさを判断する．

表 8-3　モデルの比較

	χ^2	自由度	p	AIC	BIC	RMSEA	CFI	TLI	SRMR
モデル 1	9,843.9	440	0.000	490,453.3	491,085.3	0.045	0.839	0.820	0.049
モデル 2	14,895.5	445	0.000	496,093.6	496,689.2	0.055	0.753	0.727	0.071

デル１のほうが高い値をとる。やや当てはまりの悪い値はとるものの、総合的にみてもモデル１（所得独立モデル）は適切なモデルといえるだろう。

（２）所得独立モデルの結果

さて、適合度指標から選ばれた所得独立モデル（モデル１）分析の結果を示したものが、図８-４である。なお、図では省略しているが、雇用、教育年数、年齢、性別、婚姻状態、子どもについての変数も分析に投入している。とくに所得は本章で注目する重要な変数であるので、図にも示した。

図８-４には所得の効果も記載しており、所得が高くなるほど幸福感が高くなるという効果が確認できる。だがこの分析結果で興味深いのは、この所得によらずに、五つのパーソナリティが幸福感と関連していることである。つまり、真面目に仕事に取り組み、知的関心が高く、対人関係に積極的で、協調性もあり、また、不安が少ないというパーソナリティをもつ場合には幸福感が上がるという関連は、所得があろうとなかろうとみられる。また、幸福を感じるうえで、調和性や外向性というパーソナリティがとくに重要であることも示された。

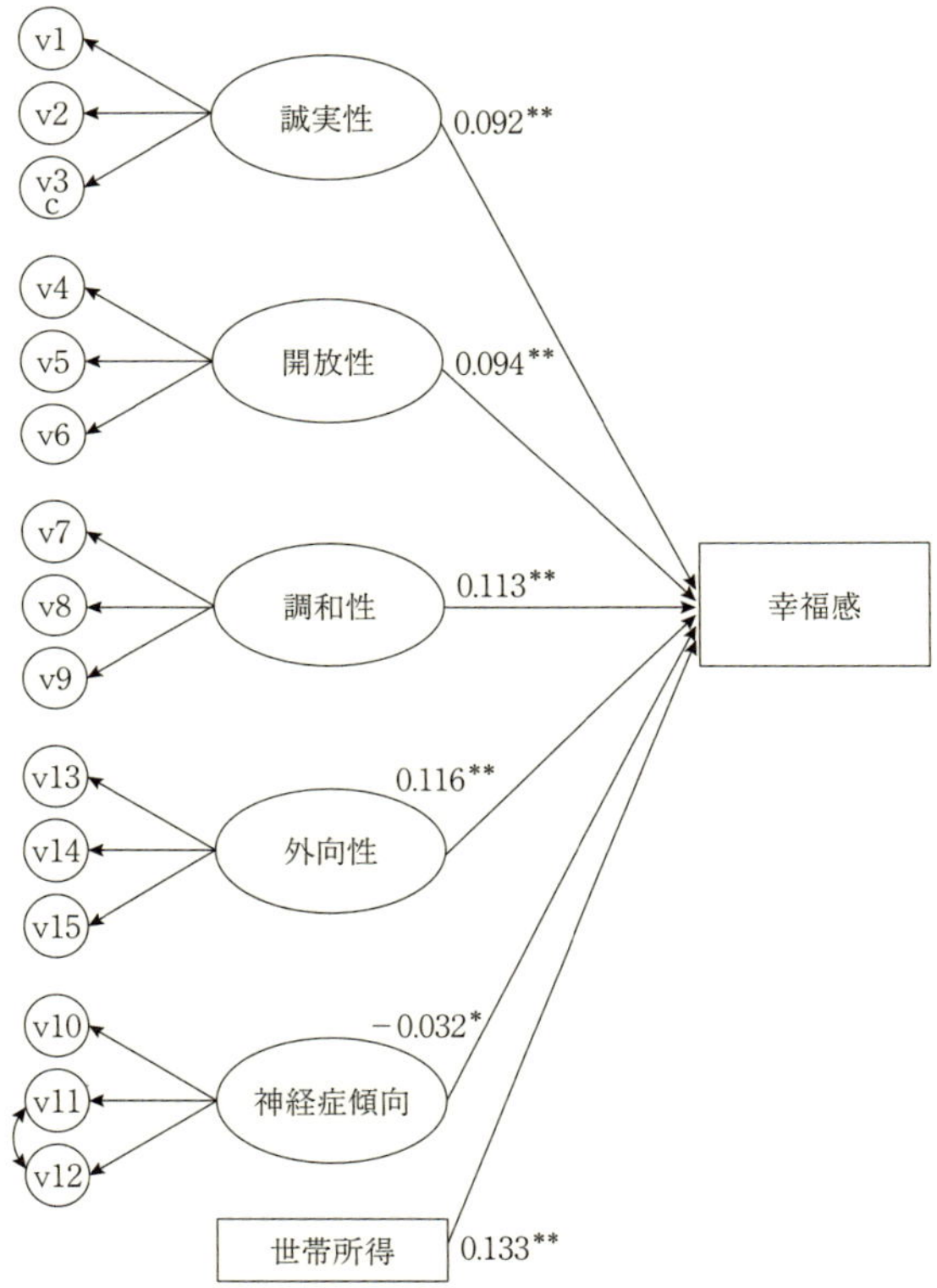

注 1) χ^2=9843.9(自由度=440, $p<0.01$), AIC=490,453.3, BIC=491,085.3, RMSEA=0.045, CFI=0.839, TLI=0.820, SRMR=0.049.
2) 雇用, 教育年数, 年齢, 性別, 婚姻状態, 子どもについてはコントロールしている.

図 8-4 共分散構造分析の結果

5 パーソナリティの限界

(1) 分析結果のまとめ

本章では、インターネット調査データを用いて、幸福感を高めるパーソナリティに対する所得の効果を検討してきた。その検討にあたり、共分散構造分析を用いて、二つのモデルを比較するという方法を用いた。ひとつめは、所得とパーソナリティが独立の所得独立モデル、ふたつめは、所得がパーソナリティに影響し、さらに所得とパーソナリティが幸福感に影響する所得決定モデルである。この二つを比較し、より適したモデルを選択した。

分析の結果、得られた知見は次の二点である。第一は、所得独立モデルが所得決定モデルよりもモデルの説明力が高いことが示され、所得独立モデルが採択された。つまり、パーソナリティは、所得とは独立して、幸福感に重要な影響をもつことが示されたのである。お金があろうとなかろうと幸せを感じることができる性格を人はもつことができる。

第二は、幸福を感じるうえで、世帯所得ほどではないものの調和性や外向性というパーソナリティが重要なことが挙げられる。調和性や外向性は、ともに対人関係を円滑にするパーソナリティといえるだろう。生きていく上で、人とともに時間を過ごし、楽しさを共有したり、悲しみを分かち合ったりすることは幸せを感じることに直結するであろう。

(2)　パーソナリティ重視の注意点

この結果から、幸福感を高めるパーソナリティを身に着けられればよいという結論が導かれるかもしれない。このような結論を積極的に支持する学問領域として、「ポジティブ心理学」がある。橋本

(二〇一五)をもとにここで紹介しておこう。橋本(二〇一五)によると、ポジティブ心理学が唱えられるようになった背景には、多くの心理学領域で人間の心理をネガティブにとらえてきたことがある。逆に言えば、心理のポジティブな側面についてはあまり着目されてこなかった。このような状況を批判的にとらえ、ポジティブ心理学では、心理のポジティブな側面を重視する。学術領域であると同時に、心理学が人間のもつよい側面を育てるための(学術的な)運動と理解されている(橋本 二〇一五)。

ただし、ポジティブ心理学が唱えるように、心理的にポジティブな側面を重視していく際には、ほぼ必ずといっていいほど認知のゆがみが含まれており、注意が必要である(橋本 二〇一五)。この認知のゆがみには主に、次の三つがあるという。第一に、多くの人は自分を平均的な人より優れているとみなしており、非現実的にポジティブに自己を認知する。第二に、多くの人は自分が実際以上に他人や物事をコントロールできると自分の能力を過大評価する。第三に、非現実的な楽観主義になる。このように、認知のゆがみを伴ったポジティブさは、現実とかけ離れているためにトラブルにもつながるだろう。したがって、ポジティブであることを、非現実的なレベルにまで奨励するということには慎重でなければならない。

それでも、橋本(二〇一五)では、ポジティブであることを評価している。ポジティブであることには、前述のように「ゆがみ」として非現実的な認知もあれば、現実に沿った認知もある。これらを切り分けて分析することは難しく、橋本(二〇一五)がまとめてポジティブ志向として幸福感との関連をみたところ、やはりポジティブであることによって幸福感が高められることが確認された。この結果から、認知のゆがみに注意しつつもあまり神経質にならず、ポジティブに物事をとらえることが幸福を感じるうえで重要といえるかもしれない。

(3)　どうすれば幸福を感じるパーソナリティを身に着けられるか

それでは、何がパーソナリティを決めているのだろうか。

パーソナリティを規定する要因には、しばしば遺伝的要因が着目されており、ここで遺伝的要因について説明しておこう。遺伝的要因の効果を分析するものとして双生児に着目した研究がある。一卵性双生児のきょうだいはまったく同じ遺伝子をもっているのに対して、二卵性双生児のきょうだいでは遺伝子の一致率は五〇％程度といわれる。このような一卵性双生児と二卵性双生児の遺伝子の一致率の違いを利用することで、遺伝的要因と環境的要因の程度を明らかにすることができるのである。

具体的にみていこう。日本では、安藤(二〇〇〇)が一卵性双生児と二卵性双生児を対象として研究を行って、パーソナリティ(ビッグ・ファイブ)における遺伝的要因の割合を明らかにしている。たとえば、一卵性双生児のきょうだいの開放性の相関は〇・五、これが二卵性双生児のきょうだいの場合は〇・三程度になるという。この調査では、同じ家庭に育つ双生児のきょうだいを対象としていることもふまえて、一卵性双生児のきょうだいのほうがパーソナリティの相関が高い理由に遺伝的要因が考えられる、と述べている。

このように安藤(二〇〇〇)では遺伝的要因がパーソナリティに影響していると示されるものの、遺伝的要因以外の要因の重要性もここで指摘しておこう。というのも、一卵性双生児のパーソナリティは似ているとはいっても、同一になることはない。たとえば、二人のきょうだいのパーソナリティの相関係数の値が〇・五程度というとき、たしかに二人のきょうだいがよく似ているということを示しているのだが、それでも、かなりの程度は異なるということも同時に理解できる。また、幼少時に測定されたパーソナリティは、その後の成長の過程で、さまざまに変容していく。菅原(二〇〇三)によると、実際、乳児の時期と成人の時期とでは、パーソナリティの相関は〇・二を上回るようなものはほとんどない。このように、幼少時に測定されたパーソナリティは、その後、大きく変わりうるのである。

以上のことから、遺伝的要因の影響を認めつつも、それ以外の要因である環境要因もまた重要な影響をもつことを指摘しておこう。それでは環境要因として何が重要となるだろうか。実は、どのような環境要因がどのようなパーソナリティに影響するかということは、十分には明らかになっていないものも多いという(橋本 二〇一五)。しかも、遺伝的要因以外のものである環境的要因は、一方的にパーソナリティに対して単純に影響するというより、その人のパーソナリティとの相互作用によって、パーソナリティの在り方を決めうる複雑なものである。たとえば、吉川編著(二〇一二)では、環境(仕事)とパーソナリティとの関連について長期追跡調査を用いた研究を行っている。この研究では、環境(仕事)とパーソナリティとが相互に作用していることが明らかになっているのである。このような結果から幸福感研究に対して示唆を得るとすれば、自らの働きかけによって環境を変化させうるということ、それによってパーソナリティを変化させうるということかもしれない。

以上より、本章では、パーソナリティが重要であるものの、それを規定する要因は十分に明らかではないことが分かった。この結果は、幸福感の要因を探求するという点ではやや残念ともいえるかもしれない。しかしながら、パーソナリティは固定的なものではなく、人生の経験や、人とのつながりによって大きく変わりうるものであるならば、だれでも幸福を得られる機会を持っているといえるだろう。

表 8-4　その他の変数の概要

変数名	説　明
幸福感	「全体として，あなたは普段どの程度幸福だと感じていますか，番号(0～10)から最も近いものを1つ選んでください.」と尋ね，11段階での回答を求めた.
年齢	年齢を求めた.
性別	「男性」「女性」から回答を求めた.
教育年数	「あなたが卒業した学校をすべてお選びください」という質問を行い，複数回答で学校歴についての回答を求めた.
婚姻状態	婚姻状態を尋ね，「未婚」「既婚」「離別」「死別」から回答を求めた.
子ども	「あなたの子どもについてお答えください.」と質問し回答を求めた. 選択肢のうち，「子どもなし」を「なし」，「末子が就学前(3歳以下)」を「末子乳幼児」，「末子が就学前(4～6歳)」を「末子就学前」，「末子が小中学生」を「末子小中学生」，「末子が高校生以上で未婚」を「末子高校～未婚」，「末子が既婚または結婚」を「末子既婚」とした.
雇用	「あなたの現在の主な従業上の地位をお答えください.」と質問し回答を求めた.「経営者・役員」は「経営者・役員」，「正規雇用の正社員・正職員」を「正社員」，「公務員」を「公務員」，「契約社員，嘱託社員」「派遣社員，請負社員」を「契約・派遣社員」，「アルバイト・パートタイマー」「内職・在宅ワーク」を「アルバイト・パート・内職」，「自営業主」「(自営業の)家事手伝い」を「自営業」，「学生」を「学生」，「無職(専業主婦・主夫を含む)」を「無職」，「その他」を「その他」とした.
世帯所得	「あなたの家族の課税前の世帯年収をお答えください(※配当金などの財産収入，年金・仕送り金なども含めます. ※また，単身赴任の方は，別居中の家族の収入も含めます.)」と質問し，回答を求めた. ○万円～○万円という選択肢から回答を求め，その中央値を世帯所得とした.

終章　幸福になれるには

本書は幸福にまつわる課題を様々な角度から分析して、どういう人がどういうときに幸福を感じるのかを知ろうとした。分析の手法は経済学と社会学に依存しているが、歴史的に見れば幸福論は哲学、倫理学、文学などで盛んに論じられてきたことなので、人間の生き方を探求するこれらの学問にも注意を払った。本章では、得られた多くの分析結果を要約するのではなく、そこから得られたことを踏まえて、少しでも幸福になるのにはどうすればよいか、どういう心掛けでいれば幸福感を得られるのかを、重要と思われる点をピックアップして、箇条書きに簡潔に述べる。

（1）　人の生き方、あるいは精神の持ち様として、大別すれば快楽主義と禁欲主義がある。どちらを好むかは人の性格によるし、選択の自由はある。とはいえ、どちらかといえば禁欲主義のほうが他人に迷惑を掛けないし、生じる副次効果にも好ましいことが多い。さらに、自分の利益だけを考えて生きるのではなく、他人への配慮を忘れない人生を送りたいものである。これは利己主義と利他主義の差であり、利己主義よりも利他主義の方が望ましいと考えるが、すべての人にそれを強制できない。

(2) 一般に経済成長率が高い、すなわち人々の所得の伸びが高いと、人々は幸福になると考え勝ちであるが、高成長経済はマイナス効果をも生みかねないので、マイナス効果を最小にするような経済成長策を考えるべきである。

(3) 経済的豊かさから人々が幸福を感じるかどうかは、自分のまわりにいる人ないし自分と資質が同じ位の人(準拠集団と呼ぶ)の所得と比較して、自分の位置を確認してから、幸福か不幸かを感じる効果もある。そしてもし自分の所得が準拠集団の所得より低いとわかれば幸福度が減少する傾向があるのである。

もしそうであるなら、自分の幸福感を大切にしたい場合、自分のまわりにいる人や資質を同じくする人との比較をやめれば幸福度を下げずにすむ。もう少し拡張していえば、他人との比較をやめれば嫉妬の情も湧かないので、自分が幸福と思う程度は高まるということになる。自分の人生・生活のことだけを評価すればよく、他人のことは比較の対象にしないのがよいのである。

(4) マルクス経済学も近代経済学も「人は働かねば食べられない」と説いているのであり、働くということは人間にとって逃げられない現象である。もしそうであるなら、できるだけ満足度の高い仕事に従事するのが幸せなことであるが、本書の分析によると、創造性の感じられる仕事、あるいは他人の救いになる仕事、といった仕事が人の幸福感を高めている。

(5) さらに(4)で述べたことに関連づけて、高い賃金を得ることだけが人を幸せにするとは限らないので、やりがいを感じる仕事、自律性の高い仕事を目指すのが好ましい。とはいえ、このような仕事に就くと勤労インセンティヴが高まって生産性が高くなり、賃金の高くなる可能性がある事実も無視できないので、あながち賃金を無視せよとまでは言えない。

（6）働く時間以外の時間は余暇と認識できるが、ここでは余暇の大切さを強調したい。労働の苦しさを和らげてくれて、明日への労働の糧になることのメリットは大きい。労働への効果のほかにも、余暇を自分の好きな趣味や楽しみに費やすことができれば、勤労だけではない有意義、かつ、幸せな人生を送れるので、自分の資質に合った余暇活動を見つけて、それに大いにコミットしてほしい。ただし余暇の種類によっては、逆に幸福度を下げるものもあるので、何をするかは慎重でありたい。

（7）男性では、自分だけでなく家族の生活も考えて、幸か不幸か働くことは義務と考えている人が大多数だが、女性（とくに既婚女性）では外で働く働かないの選択肢がある。働きたいという既婚女性は増加しているが、不幸にしてそういう女性の満足度は高くない。労働力不足の予想される日本では女性労働への期待が高いので、高い勤労意欲をもち、そして高い満足度で働ける女性に期待して、政府・企業がやらなければならないことは多くある。例えば、強力な子育て支援策、女性差別の撤廃、女性への技能教育、などである。

（8）人々がどの程度の幸福感を抱くのかは、その人の性格なり心理的な状況にかなり依存することが本書でわかった。やや極端に言えば、楽観的な人は幸福度が高く、悲観的な人はそうでもない。この事実から演繹できることはそう単純ではない。実は日本人の幸福度は世界の国々の中では中位より少し上の順位にあり、日本人は物事を悲観的に見る人が多いとされるので、中位より少し上の順位を気にする必要なし、とまでは言えない。ちなみに、世界で幸福度のもっとも高い国民はデンマーク人である。デンマークの人々は楽観に満ちている人ばかりだからだ、とはとても言えない。人の性格、国民性が幸福感の形成に寄与するのは事実であるが、心理的な情況の効果がどれだけ真であるか、あるいは見せかけの効果にすぎないのか、これからの研究で慎重に見極める必要がある。

あとがき

本書では、人々はどういうときに「幸福」を感じているのか、あるいはどういう人が「幸福感」を得ているのかを、豊富なデータを用いて統計的に分析した。さらに、所得や資産、あるいは働き方や職業の違いといったことが、「幸福感」にどういう影響を与えるのかについて言及した。そしてそれらの結果を踏まえて、人が「幸せ」になるには、どういう生き方をすればよいのか、どういう心構えを持つとよいのか、といった点の提言をも行った。

書物のタイトルは『幸福感の統計分析』であるが、中身は数式や統計だけで埋め尽くされてはいない。しかも叙述に際してはわかりやすさを旨としたつもりである。筆者たちが専門とする経済学や社会学の考察はもちろんのこと、哲学、文学、心理学などが歴史的に議論してきた伝統的な幸福研究の成果にも配慮した。従って、「幸福」に関する包括的な書物といっても過言ではない。

橘木はこれまでに岩波書店より『「幸せ」の経済学』と『新しい幸福論』を上梓しており、本書は「幸せ」に関する三冊目の書物である。『「幸せ」の経済学』と同様に髙橋弘氏にお世話になった。いつもながらの的確な編集作業に感謝する。

最後に筆者二人の関係について言及させていただきたい。髙松は、橘木が京都大学経済学部で教鞭を執っていた時代の学部ゼミ生である。彼女はその後大阪大学大学院で社会学を学んだ。いわば師弟関係にある二人の記念碑的出版を認めた岩波書店にも感謝する。言うまでもなく、残っているかもしれない誤謬と内容については筆者の責任である。

橘木俊詔　髙松里江

参考文献

邦 文

赤川学（一九九八）「女性の階層的地位をめぐる四つのモデル――女性の地位独立モデルは有功か？」渡辺秀樹・志田基与師編『階層と結婚・家族 一九九五年ＳＳＭ調査シリーズ15』一九九五年ＳＳＭ調査研究委員会、一三一―一五〇頁。

阿部真大（二〇〇六）『搾取される若者たち』集英社新書。

阿部真大（二〇〇七）『働きすぎる若者たち――「自分探し」の果てに』日本放送出版協会。

安藤寿康（二〇〇〇）『心はどのように遺伝するか――双生児が語る新しい遺伝観』講談社ブルーバックス。

飯田善郎（二〇〇九）「相対所得における他者とは誰か――アンケート調査から」『京都産業大学論集 社会科学系列』二六、一三一―一五六頁。

飯田善郎（二〇一一）「相対所得におけるリファレンスグループの選択とその動機」『京都産業大学論集 社会科学系列』二八、一―二三頁。

石田淳（二〇一四）「準拠集団と相対的剥奪の数理・計量社会学」『理論と方法』二九（一）、一七―一八頁。

今村仁司（一九九八）『近代の労働観』岩波新書。

岩間暁子（二〇〇八）『女性の就業と家族のゆくえ――格差社会のなかの変容』東京大学出版会。

ＳＳＰプロジェクト（吉川徹・前田忠彦）（二〇一三）『ＳＳＰ-Ｉ ２０１０ コード・ブックおよび基礎集計表』ＳＳＰプロジェクト。

奥山明良(二〇〇九)「男女雇用機会均等法の課題――男女雇用平等法制の生成と発展」武石恵美子編著『女性の働きかた』ミネルヴァ書房、七一―一〇五頁。

小倉千加子(二〇〇三)『結婚の条件』朝日新聞社。

小塩真司(二〇一四)『パーソナリティ心理学――progress & application』サイエンス社。

小塩隆士(二〇一四)『「幸せ」の決まり方――主観的厚生の経済学』日本経済新聞出版社。

吉川徹編著(二〇一二)『長期追跡調査でみる日本人の意識変容――高度経済成長世代の仕事・家族・エイジング』ミネルヴァ書房。

吉川徹・長松奈美江・田靡裕祐(二〇〇九)「調査の設計と実施」『職業と家族とパーソナリティについての同一パネル長期追跡調査』平成一六年度～一九年度科学研究費補助金(基盤研究(A))研究成果報告書(研究代表者:吉川徹)、二九―五七頁。

経済企画庁(一九九七)『平成九年国民生活白書』(http://warp.da.ndl.go.jp/info:ndljp/pid/9990748/www5.cao.go.jp/seikatsu/whitepaper/index.html(二〇一六年六月一九日アクセス))。

合田正人(二〇一三)『幸福の文法――幸福論の系譜、わからないものの思想史』河出ブックス。

越良子・秋光恵子・吉村典子・森永康子(二〇〇二)「役割自己評価と主観的幸福感の関連――評価基準による違いの検討」『上越教育大学研究紀要』二二(一)、二一七―二三〇頁。

渋谷望(二〇〇三)『魂の労働――ネオリベラリズムの権力論』青土社。

島直子(二〇〇七)「「夫婦の勢力均衡」のために経済的自立を不可欠とみなす要因」『家族研究年報』三二、六五―七七頁。

周燕飛(二〇一五)「専業主婦世帯の貧困――その実態と要因」『RIETI Discussion Paper Series』15-J-034(http://www.rieti.go.jp/jp/publications/dp/15j034.pdf(二〇一六年六月一九日アクセス))。

白石賢・白石小百合（二〇一〇）「幸福度研究の概観と日本人の幸福感」大竹文雄・白石小百合・筒井義郎編著『日本の幸福度――格差・労働・家族』日本評論社、九―三二頁。

白河桃子（二〇一〇）「誤解された「婚活」――婚活ブームを検証する」山田昌弘編著『「婚活」現象の社会学』東洋経済新報社。

菅原ますみ（二〇〇三）『個性はどう育つか』大修館書店。

薗田碩哉（二〇〇四）「現代哲学から見た余暇」瀬沼克彰・薗田碩哉編『余暇学を学ぶ人のために』世界思想社、一八八―二〇一頁。

高田利武（一九九三）「青年の自己概念形成と社会的比較――日本人大学生にみられる特徴」『教育心理学研究』四一（三）、三三九―三四八頁。

高田利武（一九九五）「自己認識方途としての社会的比較の位置――日本人大学生に見られる特徴」『奈良大学紀要』二三、二五九―二七〇頁。

髙松里江（二〇一二ａ）「性別職域分離が賃金に与える影響とそのメカニズムに関する実証研究――技能に注目して」『フォーラム現代社会学』一一、五四―六五頁。

髙松里江（二〇一二ｂ）「感情労働における組織的管理と自己疎外――組織・個人の対応データを用いて」『ソシオロジ』五七（二）、七三―八五頁。

竹田青嗣（一九九四）『ニーチェ入門』ちくま新書。

橘木俊詔（二〇一一ａ）『いま、働くということ』ミネルヴァ書房。

橘木俊詔（二〇一一ｂ）『無縁社会の正体――血縁・地縁・社縁はいかに崩壊したか』ＰＨＰ研究所。

橘木俊詔（二〇一二）『課題解明の経済学史』朝日新聞出版。

橘木俊詔（二〇一三）『「幸せ」の経済学』岩波現代全書。

橘木俊詔（二〇一五）『フランス産エリートはなぜ凄いのか』中公新書ラクレ。

橘木俊詔（二〇一六）『新しい幸福論』岩波新書。

橘木俊詔・迫田さやか（二〇一三）『夫婦格差社会――二極化する結婚のかたち』中公新書。

筒井義郎（二〇一〇）「なぜあなたは不幸なのか」大竹文雄・白石小百合・筒井義郎編著『日本の幸福度――格差・労働・家族』日本評論社、三三―七三頁。

都筑学（一九九三）「大学生における自我同一性と時間的展望」『教育心理学研究』四一（一）、四〇―四八頁。

堂目卓生（二〇〇八）『アダム・スミス』中公新書。

豊田秀樹（一九九八）『共分散構造分析［入門編］――構造方程式モデリング』朝倉書店。

内閣府（二〇〇三）『平成一五年版男女共同参画白書』（http://www.gender.go.jp/about_danjo/whitepaper/h15/summary/danjo/html/zuhyo/fig01_00_04_05.html（二〇一六年六月一九日アクセス））。

内閣府（二〇一一）『平成二三年版男女共同参画白書』（http://www.gender.go.jp/about_danjo/whitepaper/h23/zentai/index.html（二〇一五年一一月二四日アクセス））。

内閣府（二〇一二）『平成二四年版男女共同参画白書』（http://www.gender.go.jp/about_danjo/whitepaper/h27/zentai/html/zuhyo/zuhyo01-02-09.html（二〇一七年八月二五日アクセス））。

内閣府（二〇一四）『人々の幸福感と所得について』（http://www5.cao.go.jp/keizai-shimon/kaigi/special/future/0214/shiryou_03.pdf（二〇一七年八月一四日アクセス））。

直井道子（一九九〇）「階層意識――女性の地位借用モデルは有効か」岡本英雄・直井道子編『現代日本の階層構造四　女性と社会階層』東京大学出版会、一四七―一六四頁。

永井暁子・松田茂樹編（二〇〇七）『対等な夫婦は幸せか』勁草書房。

長松奈美江（二〇〇八）「技能変数をもちいた所得決定構造の分析」『理論と方法』二三（一）、七三―八九頁。

橋本京子(二〇一五)『ポジティブ志向と幸福感の心理学』ナカニシヤ出版。

浜田宏(二〇〇二)「経済的地位の自己評価と準拠集団——δ区間モデルによる定式化」『社会学評論』五二(二)、二八三—二九九頁。

浜田宏・前田豊(二〇一四)「小集団実験による相対的剝奪モデルの検証」『理論と方法』二九(一)、一九—三六頁。

日潟淳子・齊藤誠一(二〇〇七)「青年期における時間的展望と出来事想起および精神的健康との関連」『発達心理学研究』一八(二)、一〇九—一一九頁。

藤田朋子(二〇〇八)「無償労働のなかの「見えない」家事——夫婦の家事分担調査からの検証」『女性学』一六、一〇一—一二一頁。

藤田朋子(二〇一四)「妻の家事負担感と夫の家事遂行——記述回答からの分析」『女性学研究』二一、一四二—一六一頁。

藤原梢・菅原正和(二〇一〇)「理想—現実自己の齟齬と自己受容の心理学」『岩手大学教育学部附属教育実践総合センター研究紀要』九、一二五—一四〇頁。

古市憲寿(二〇一一)『絶望の国の幸福な若者たち』講談社。

本田由紀(二〇〇八)『軋む社会——教育・仕事・若者の現在』双風舎。

前田豊(二〇一四)「比較対象選択と所得イメージ」『理論と方法』二九(一)、三七—五七頁。

前田豊・仲修平・石田淳(二〇一三)「地位比較対象の直接的測定の試み——準拠集団に関するインターネット調査結果の分析(一)」『大阪経大論集』六四(二)、一六一—一八三頁。

松田茂樹(二〇一三)『少子化論——なぜまだ結婚、出産しやすい国にならないのか』勁草書房。

水間玲子(一九九八)「理想自己と自己評価及び自己形成意識の関連について」『教育心理学研究』四六(二)、一三一—一四一頁。

三輪哲・山本耕資（二〇一二）「世代内階層移動と階層帰属意識――パネルデータによる個人内変動と個人間変動の検討」『理論と方法』二七（一）、六三―八四頁。

森岡孝二（二〇〇九）『貧困化するホワイトカラー』ちくま新書。

八木匡（二〇一四）「幸福感形成の要因分析」橘木俊詔編著『幸福』ミネルヴァ書房、五九―七一頁。

山口一男（二〇〇六）「夫婦関係満足度とワーク・ライフ・バランス――少子化対策の欠かせない視点」『RIETI Discussion Paper Series』06-J-054（http://www.rieti.go.jp/jp/publications/dp/06j054.pdf（二〇一六年六月二四日アクセス））。

山田昌弘（二〇〇九）『なぜ若者は保守化するのか――反転する現実と願望』東洋経済新報社。

吉田崇（二〇〇四）「M字曲線が底上げした本当の意味――女性の「社会進出」再考」『家族社会学研究』一六（一）、六一―七〇頁。

脇田彩（二〇一四）「生活満足度と婚姻状況・就業状況との関連における男女差」『東京大学社会科学研究所　パネル調査プロジェクトディスカッションペーパーシリーズ』七八。

欧文

Alain (1928), *Propos sur le Bonheu*, Gallimard (=1998 神谷幹夫訳『アラン　幸福論』岩波文庫)。
Arendt, Hannah (1958), *The Human Condition*, University of Chicago Press (=1973 志水速雄訳『人間の条件』中央公論社)。
Arendt, Hannah (1968), *Men in Dark Times*, Harcourt (=1995 阿部斉訳『暗い時代の人々　改訂新装版』河出書房新社)。
Bauman, Z. (2008), *The Art of Life*, Polity Press (=2009 高橋良輔・開内文乃訳『幸福論――〝生きづらい〟時代

の社会学』作品社)。

Bohrnstedt, G. W. and D. Knoke (1988), *Statistics for Social Data Analysis*, 2nd Edition, F. E. Peacock Publisher (＝1990 海野道郎・中村隆監訳『社会統計学——学生版』ハーベスト社)。

Brotheridge, C. M. and A. A. Grandey (2002), "Emotional labor and burnout: Comparing two perspectives of 'People Work'," *Journal of Vocational Behavior*, 60: 17–39.

Clark, Gregory (2007), *A Farewell to Alms: A Brief Economic History of the World*, Princeton University Press (＝2009 久保恵美子訳『10万年の世界経済史(上・下)』日経ＢＰ社)。

Cohen, Daniel (2009), *La Prosparite du Vice*, Princeton University Press (＝2013 林昌宏訳『経済と人類の１万年史から、二一世紀世界を考える』作品社)。

Daly, Herman E. (1996), *Beyond Growth: The Economics of Sustainable Development*, Beacon Press (＝2005 新田功・藏本忍・大森正之訳『持続可能な発展の経済学』みすず書房)。

Dumazedir, Joffre (1962), *Vers une Civilisation du Loisir?*, Paris: Éditions du Seuil (＝1972 中島巖訳『余暇文明へ向かって』東京創元社)。

Easterlin, R. (1974), "Does economic growth improve the human lot? Some emprical evidence," P. A. David and M. W. Reder (eds), *Nations and Households in Economic Growth: Essays in Honor of Moses Abramovitz*, New York: Academic Press, 89–125.

Enders, C. K. and D. Togifi (2007), "Centering predictor variables in cross-sectional multilevel models: A new look at an old issue," *Psychological Methods*, 12(2): 121–138.

Fourastié, Jean (1979), *Les Trente Glorieuses*, Paris, Fayard.

Frey, B. S. (2008), *Happiness: A Revolution in Economics*, Massachusetts Institute of Technology (＝2012 白石

小百合訳『幸福度をはかる経済学』NTT出版）。

Frey, B. S. and A. Stutzer (2002), *Happiness and Economics*, Princeton University Press（＝2005 佐和隆光監訳／沢崎冬日訳『幸福の政治経済学――人々の幸せを促進するものは何か』ダイヤモンド社）。

Goldberg, L. (1992), "The development of markers for the big-five factor structure," *Psychological Assessment*, 4: 26–42.

Hilty, Carl (1891), *Glück*, Frauenfeld und Leipzig: J. Hubers, J.C. Heinrich（＝1968 秋山英夫訳『幸福論』角川文庫〔本書で引用した翻訳書、原著の第一部に対応〕）。（原著は三部構成で一八九一年から九九年にかけて刊行されており、全訳に、草間平作・大和邦太郎訳『幸福論』（全三冊）岩波文庫、一九三五―六五年、がある）。

Hochschild, A. R. (1983), *The Managed Heart: Commercialization of Human Feeling*, University of California Press（＝2000 石川准・室伏亜希訳『管理される心――感情が商品になるとき』世界思想社）。

Huizinga, Johan (1938), *Homo Ludens*, Haarlem: H. D. Tjeenk Willink & Zoon（＝1973 高橋英夫訳『ホモ・ルーデンス』中公文庫）。

Kohn, M. L. and C. Schooler (1983), *Work and Personality: An Inquiry into the Impact of Social Stratification*, Ablex Publication Corp.

Latouche, Serge (2010), *Sortir de la Société de Consommation*, Les Liens qui Libèrent（＝2013 中野佳裕訳『〈脱成長〉は、世界を変えられるか？――贈与・幸福・自律の新たな社会へ』作品社）。

Malthus, Thomas R. (1798), *An Essay on the Principle of Population*, London: Printed for J. Johnson（＝2011 斉藤悦則訳『人口論』光文社古典新訳文庫）。

Merton, R. (1949), *Social Theory and Social Structure: Toward the Condition of Theory and Research*, The Free Press（＝1961 森東吾・森好夫・金沢実・中島竜太郎訳『社会理論と社会構造』みすず書房）。

Mills, C. W.(1951), *White Collar: The American Middle Class*, Oxford University Press(＝1957 杉政孝訳『ホワイト・カラー——中流階級の生活探求』東京創元社)。

Rabe-Hesketh, S. and A. Skrondal(2005), *Multilevel and Longitudinal Modeling Using Stata*, Stata Press.

Raudenbush, S. W. and A. S. Bryk(2002), *Hierarchical Linear Models: Applications and Data Analysis Methods*, 2nd ed., Sage.

Russell, Bartrand A. W.(1930), *The Conquest of Happiness*, George Allen & Unwin(＝1991 安藤貞雄訳『ラッセル 幸福論』岩波文庫)。

Steinberg, R. J.(1999), "Emotional labor in job evaluation: Redesigning compensation practices," *The ANNALS of the American Academy of Political and Social Science*, 561(1): 143–157.

Stevenson, B. and J. Wolfers(2013), "Subjective well-being and income: Is there any evidence of satiation?" *American Economic Review: Papers & Proceedings*, 103(3): 598–604.

Stutzer, A. and B. S. Frey(2006), "Does marriage make people happy, or do happy people get married?" *The Journal of Socio-Economics*, 35: 326–347.

United States Department of Labor(1977), *Dictionary of Occupational Titles*, 4th ed., U. S. Government Printing Office.

Walter, M. Y., O. Shoda, and O. Ayduk(2007), *Introduction to personality: Toward an integrative science of the person*, John Wiley & Sons, Inc.(＝2010 黒沢香・原島雅之監訳『パーソナリティ心理学——全体としての人間の理解』培風館)。

Wharton, A. S.(1999), "The psychosocial consequences of emotional labor," *The ANNALS of the American Academy of Political and Social Science*, 561: 158–176.

橘木俊詔

1967 年小樽商科大学卒業．大阪大学大学院，Johns Hopkins 大学大学院博士課程修了(Ph.D)，経済学博士(京都大学)．京都大学，同志社大学，京都女子大学教授を経て，現在同大学客員教授．専攻は労働経済学．近著に，『ポピュリズムと経済』(ナカニシヤ出版，2018 年)，『福祉と格差の思想史』(ミネルヴァ書房，2018 年)がある．

高松里江

2007 年京都大学卒業．大阪大学人間科学研究科博士後期課程修了(博士)．現在立命館大学総合心理学部准教授．専攻は社会学，統計学．近著に『格差社会の中の高校生』(分担執筆，勁草書房，2015 年)がある．

幸福感の統計分析

2018 年 9 月 26 日　第 1 刷発行

著　者　橘木《たちばなき》 俊詔《としあき》　高松《たかまつ》里《り》江《え》

発行者　岡 本　厚

発行所　株式会社 岩波書店
〒101-8002 東京都千代田区一ツ橋 2-5-5
電話案内 03-5210-4000
http://www.iwanami.co.jp/

印刷・理想社　カバー・半七印刷　製本・牧製本

ISBN 978-4-00-022961-6　Printed in Japan

〔付録〕

橘木俊詔科研調査

1　橘木科研調査について

(1) 調査の概要

橘木科研調査は，インターネット調査会社(goo リサーチ，現 NTT コム リサーチ)の登録モニターに対して，2010 年，11 年，12 年に実施されたパネル調査であり，2010 年の第 1 波調査では回答者数 10,000 名を目標として実施し，10,826 名から回答を得た．2011 年の第 2 波調査，2012 年の第 3 波調査では前回調査の回答数のうち 8 割の回答者数を目標とし，それぞれ，8,058 名，6,491 名から回答を得た．

それぞれの調査は多くの質問項目を有した貴重な調査となっているが，残念ながらここですべてを掲載することはできない．本書の分析に実際に利用された質問項目に加え，関連のある質問項目を抜粋し，この調査がもつ豊富な情報を紹介しておきたい．

(2) 質問と回答の読み方

この調査では，質問に対して，「選択肢 1」「選択肢 2」……といった「選択肢」が回答となる．質問のなかに，さらに小問がある場合は，「項目 1」「項目 2」……といった「項目」で示される．

2　質問項目・選択肢(抜粋，質問の順番を再構成している)

(1) 幸福感に関する質問(参考　第 3 章，第 6 章，第 8 章)

Q. 全体として，あなたは普段どの程度幸福だと感じていますか．番号(0～10)から最も近いものを 1 つ選んでください．

選択肢 1　0(非常に不幸)

選択肢 2　1

選択肢 3　2
選択肢 4　3
選択肢 5　4
選択肢 6　5
選択肢 7　6
選択肢 8　7
選択肢 9　8
選択肢 10　9
選択肢 11　10（非常に幸福）

Q. あなたの普段の生活についてお尋ねします．以下の項目について，ご自身に最もあてはまる選択肢をそれぞれお選びください．

項目 1　現状に必ずしも満足していない
項目 2　他人にとても関心がある
項目 3　人生はとても実りがある
項目 4　たいていの人に温かく接する
項目 5　睡眠で疲れがとれない
項目 6　将来に対して楽観はしていない
項目 7　ほとんどの事は楽しめる
項目 8　いつも熱心に取り組む
項目 9　人生は素晴らしい
項目 10　この世界が素晴らしい場所だとは思わない
項目 11　よく笑う
項目 12　自分の人生にとても満足している
項目 13　自分が魅力的だとは思わない
項目 14　自分がしたい事と自分がしてきた事の間には差がある
項目 15　自分はとても幸せだ
項目 16　物事の中から美しい部分を見つける
項目 17　いつも他人を元気づける

項目 18　自分のやりたい事のために時間をつくれる
項目 19　あまり自分の人生を思うようにコントロールできていない
項目 20　何でも挑戦できると感じる
項目 21　精神的に機敏で注意を怠らない
項目 22　たびたび気分が高まり上機嫌になる
項目 23　決断をすることは難しいことではない
項目 24　人生に特別な目的や意義を感じない
項目 25　大きな活力を持っている
項目 26　物事に良い影響を与えられる
項目 27　他人と一緒に遊ばない
項目 28　あまり健康的でない
項目 29　過去の幸せな記憶があまりない

選択肢 1　まったくそう思わない
選択肢 2　そうは思わない
選択肢 3　どちらかといえばそうは思わない
選択肢 4　どちらかといえばそう思う
選択肢 5　そう思う
選択肢 6　強くそう思う

(2) 仕事に関する質問（参考　第 4 章）

Q. あなたは現在のお仕事について，どの程度満足していますか．
選択肢 1　満足している
選択肢 2　どちらかといえば満足している
選択肢 3　どちらでもない
選択肢 4　どちらかといえば満足していない
選択肢 5　満足していない

Q. あなたの現在のお仕事や勤め先の特徴についてお尋ねします．以下の項目

について，最もあてはまる選択肢をお選びください．

項目1　人と接する仕事がとても多い

項目2　身体の不自由な方や小さな子どもの世話をすることが多い

項目3　困っている人々の生活を支援する

項目4　多様な人びとに接する

項目5　遊び心やユーモアが求められる

項目6　趣味との境界があいまいである

項目7　新しいことを先駆けて行うことが求められる

項目8　たびたび時間に追われて仕事をしなければならない

項目9　教育訓練のためのサポートが十分に得られる

項目10　私の上司は，仕事における指導監督ぶりが適切である

項目11　昇進や昇格は公平に行われる

項目12　私の会社は福利厚生に努力している

項目13　今の勤め先にずっと勤め続けたい

項目14　今の勤め先には将来性がある

項目15　育児休暇を取得しやすい職場である

選択肢1　あてはまらない

選択肢2　あまりあてはまらない

選択肢3　どちらでもない

選択肢4　ややあてはまる

選択肢5　あてはまる

Q. あなたの今の自分の仕事についてお尋ねします．以下の項目について，最もあてはまる選択肢をお選びください．

項目1　今の仕事が楽しい

項目2　今の仕事に生きがいを感じる

項目3　今の仕事をずっと続けたい

項目4　できれば転勤はせずに地元で働き続けたい

項目 5　海外勤務を経験してみたい

項目 6　より上位の職位を目指している

項目 7　より条件の良い職場があれば，転職してもよい

項目 8　現在の仕事を通じて「成長している」と感じる

項目 9　3 年後の自分の働く姿が見えない

項目 10　今の会社での自分の将来はわかりきっている

項目 11　「このままではいけない」と感じる

項目 12　長時間働くよりも，それ以外の活動に力を入れたい

項目 13　あくせく働いて上をめざすよりも，そこそこ働けば十分だ

項目 14　働きたくない人は働かなくてもよい

項目 15　働くことは，社会に対する義務である

選択肢 1　そう思わない

選択肢 2　どちらかといえばそう思わない

選択肢 3　どちらでもない

選択肢 4　どちらかといえばそう思う

選択肢 5　そう思う

(3) 準拠集団に関する質問(参考　第 3 章)

Q. あなた自身について年収(課税前の年収)をお答えください.

※ 一時金(賞与)を含みます.

※ 利子・配当金・家賃・地代などの財産収入，年金・仕送り金なども含めます.

選択肢 1　なし

選択肢 2　100 万円未満

選択肢 3　100～200 万円未満

選択肢 4　200～300 万円未満

選択肢 5　300～400 万円未満

選択肢 6　400～500 万円未満

選択肢 7　500〜600 万円未満
選択肢 8　600〜700 万円未満
選択肢 9　700〜800 万円未満
選択肢 10　800〜1,000 万円未満
選択肢 11　1,000〜1,200 万円未満
選択肢 12　1,200〜1,400 万円未満
選択肢 13　1,400〜1,600 万円未満
選択肢 14　1,600 万円以上
選択肢 15　答えたくない

Q. 前問でお答え頂いた年収(課税前の年収)のうち，あなたが労働をして稼いだ年収をお答えください．

※ 利子・配当金・家賃・地代などの財産収入，年金・仕送り金は除きます．

選択肢 1　なし
選択肢 2　100 万円未満
選択肢 3　100〜200 万円未満
選択肢 4　200〜300 万円未満
選択肢 5　300〜400 万円未満
選択肢 6　400〜500 万円未満
選択肢 7　500〜600 万円未満
選択肢 8　600〜700 万円未満
選択肢 9　700〜800 万円未満
選択肢 10　800〜1,000 万円未満
選択肢 11　1,000〜1,200 万円未満
選択肢 12　1,200〜1,400 万円未満
選択肢 13　1,400〜1,600 万円未満
選択肢 14　1,600 万円以上
選択肢 15　答えたくない

Q. あなたのお仕事に見合った年収(課税前の年収)はどのくらいだと思いますか.

※ 現在, 所得のない方もお答えください.

選択肢 1　なし
選択肢 2　100 万円未満
選択肢 3　100～200 万円未満
選択肢 4　200～300 万円未満
選択肢 5　300～400 万円未満
選択肢 6　400～500 万円未満
選択肢 7　500～600 万円未満
選択肢 8　600～700 万円未満
選択肢 9　700～800 万円未満
選択肢 10　800～1,000 万円未満
選択肢 11　1,000～1,200 万円未満
選択肢 12　1,200～1,400 万円未満
選択肢 13　1,400～1,600 万円未満
選択肢 14　1,600 万円以上
選択肢 15　答えたくない

Q. あなたが今の所得が高いか低いかを評価するとき, 次の人とどのくらい比較をしますか.

項目 1　過去の自分
項目 2　未来に予想される自分
項目 3　本来あるべき自分
項目 4　職場の同僚や知人
項目 5　学生時代の同級生
項目 6　親戚・親族
項目 7　近所の人

項目 8　テレビ，新聞，インターネット，書籍などで知った人
項目 9　平均的な日本人

選択肢 1　したことがない
選択肢 2　めったにしない
選択肢 3　ときどきしている
選択肢 4　よくしている
選択肢 5　いつもしている

Q. あなたが今の所得が高いか低いかを評価するときに，もっとも比較しやすい対象はどれですか.
選択肢 1　過去の自分
選択肢 2　未来に予想される自分
選択肢 3　本来あるべき自分
選択肢 4　職場の同僚や知人
選択肢 5　学生時代の同級生
選択肢 6　親戚・親族
選択肢 7　近所の人
選択肢 8　テレビ，新聞，インターネット，書籍などで知った人
選択肢 9　平均的な日本人

Q. 前問で回答した人の年収(課税前の年収)は，どれくらいだと思いますか.
選択肢 1　なし
選択肢 2　100 万円未満
選択肢 3　100〜200 万円未満
選択肢 4　200〜300 万円未満
選択肢 5　300〜400 万円未満
選択肢 6　400〜500 万円未満
選択肢 7　500〜600 万円未満

選択肢 8　600〜700 万円未満
選択肢 9　700〜800 万円未満
選択肢 10　800〜1,000 万円未満
選択肢 11　1,000 万円以上
選択肢 12　わからない

Q. あなたが最終的に通った学校の同級生の平均的な年収(課税前の本人年収)は，現在いくらぐらいだと思いますか．

選択肢 1　なし
選択肢 2　100 万円未満
選択肢 3　100〜200 万円未満
選択肢 4　200〜300 万円未満
選択肢 5　300〜400 万円未満
選択肢 6　400〜500 万円未満
選択肢 7　500〜600 万円未満
選択肢 8　600〜700 万円未満
選択肢 9　700〜800 万円未満
選択肢 10　800〜1,000 万円未満
選択肢 11　1,000 万円以上
選択肢 12　わからない

Q. ご自分の職場の，同じ年齢，同じ職種の人の平均的な年収(課税前の年収)は，いくらぐらいだと思いますか．

選択肢 1　なし
選択肢 2　100 万円未満
選択肢 3　100〜200 万円未満
選択肢 4　200〜300 万円未満
選択肢 5　300〜400 万円未満
選択肢 6　400〜500 万円未満

選択肢 7　500～600 万円未満
選択肢 8　600～700 万円未満
選択肢 9　700～800 万円未満
選択肢 10　800～1,000 万円未満
選択肢 11　1,000 万円以上
選択肢 12　わからない

Q. あなたの職場で，同じ年齢，同じ職種の人の間では，最高と最低でどれぐらいの年収(課税前の年収)の差が生じていると思いますか.

選択肢 1　ほとんどなし
選択肢 2　20 万円未満
選択肢 3　20～30 万円未満
選択肢 4　30～50 万円未満
選択肢 5　50～100 万円未満
選択肢 6　100～200 万円未満
選択肢 7　200～300 万円未満
選択肢 8　300～400 万円未満
選択肢 9　400～500 万円未満
選択肢 10　500～1,000 万円未満
選択肢 11　1,000 万円以上
選択肢 12　わからない

(4) 余暇に関する質問(参考　第 6 章)

Q. ふだんあなたは，仕事や家事などの他に自由に何かをする時間はどのくらいありますか. 平日と休日とを分けてお答えください.

項目 1　平日
項目 2　休日

選択肢 1　ない

選択肢 2　1 時間未満
選択肢 3　1〜2 時間未満
選択肢 4　2〜3 時間未満
選択肢 5　3〜4 時間未満
選択肢 6　4〜5 時間未満
選択肢 7　5〜6 時間未満
選択肢 8　6 時間以上

Q. あなたは，ふだんの生活で時間的なゆとりをどの程度感じていますか．
選択肢 1　かなりある
選択肢 2　まずまずある
選択肢 3　どちらともいえない
選択肢 4　あまりない
選択肢 5　ほとんどない

Q. この 1 年間に，あなたは以下の活動を何日ぐらいしましたか．
項目 1　スポーツ鑑賞
項目 2　美術鑑賞
項目 3　演芸・演劇・舞踊鑑賞
項目 4　映画鑑賞
項目 5　音楽鑑賞
項目 6　スポーツ(テニス，水泳，登山，ゴルフなど)の実践
項目 7　楽器の演奏
項目 8　コーラス・声楽
項目 9　舞踊(邦舞・洋舞)
項目 10　書道・華道・茶道
項目 11　和裁・洋裁・手芸
項目 12　趣味としての料理・菓子作り
項目 13　園芸・庭いじり・ガーデニング・日曜大工

項目 14　絵画・彫刻などの制作
項目 15　詩・和歌・俳句・小説などの制作
項目 16　趣味としての読書
項目 17　ギャンブル(パチンコ・競馬・競輪など)
項目 18　カラオケ
項目 19　ゲーム(家で行うもの，携帯用を含む)
項目 20　遊園地・動植物園・水族館等の見物
項目 21　祭への参加・見物
項目 22　その他の趣味・娯楽

選択肢 1　1～4 日
選択肢 2　5～9 日
選択肢 3　10～19 日(月に 1 日)
選択肢 4　20～39 日(月に 2～3 日)
選択肢 5　40～99 日(週に 1 日)
選択肢 6　100～199 日(週に 2～3 日)
選択肢 7　200 日以上(週に 4 回以上)
選択肢 8　活動しなかった

(5) パーソナリティに関する質問(参考　第 8 章)

Q. あなたの人柄についてお尋ねします．以下の項目について，ご自身に最もあてはまる選択肢をお選びください．

項目 1　話し好きだ
項目 2　他人のあら探しをする
項目 3　完璧に仕事をする
項目 4　元気がない
項目 5　新しいアイデアを生みだす
項目 6　控え目だ
項目 7　他人に親切だ

項目 8　やや不注意だ
項目 9　落ち着いている
項目 10　多くの物事に興味を持つ
項目 11　元気いっぱいだ
項目 12　他人と口論する
項目 13　信頼できる労働者だ
項目 14　緊張しやすい
項目 15　頭がよい
項目 16　熱意にあふれている
項目 17　忘れやすい
項目 18　情緒が不安定になりやすい
項目 19　あれこれ心配する
項目 20　想像力が豊かだ
項目 21　静かだ
項目 22　信用できる
項目 23　怠けがちだ
項目 24　情緒が安定している
項目 25　独創的だ
項目 26　攻撃的だ
項目 27　お高くとまっている
項目 28　仕事は最後までやり遂げる
項目 29　気分屋だ
項目 30　芸術的，美的な経験に価値をおく
項目 31　恥ずかしがり屋だ
項目 32　思慮深く親切だ
項目 33　効率的に物事に対処する
項目 34　緊張する場面でも平静だ
項目 35　単純な労働を好む
項目 36　社交的だ

項目 37　他人に失礼だ
項目 38　計画をたててやりとおす
項目 39　神経質だ
項目 40　好んでアイデアを出す
項目 41　芸術への関心が低い
項目 42　好んで協力する
項目 43　気が散りやすい
項目 44　美術のセンスがある

選択肢 1　まったくそう思わない
選択肢 2　そうは思わない
選択肢 3　どちらかといえばそうは思わない
選択肢 4　どちらかといえばそう思う
選択肢 5　そう思う
選択肢 6　強くそう思う